HOLT
1
FRENCH

Allez, viens!®

Video Guide

HOLT, RINEHART AND WINSTON

A Harcourt Classroom Education Company

Austin · New York · Orlando · Atlanta · San Francisco · Boston · Dallas · Toronto · London

Contributing Writers

Kathleen Ossip
  Hastings-on-Hudson, NY

Jena Hiltenbrand
  Austin, TX

Cover Photo/Illustration Credits:
Group of students: Marty Granger/HRW Photo; video cassette: Image Copyright © 1999 Photodisc, Inc. CD: Digital imagery® © 2003 Photodisc, Inc.

Photography Credits
All photos HRW/Edge Productions except: Page 42 (cr), David Frazier Photo Library; (r), HRW Photo Russel Dian; 49 (l), HRW Photo; (cl), Walter Chandoha; (cr), Superstock; (r), John Lei/Stock Boston; 56 (c), 76 (l), HRW Photo/Edge Productions; 84 (l), HBJ Photo/Patrick Courtault; (r), HRW Photo/ Helen Kolda.

ALLEZ, VIENS! is a trademark licensed to Holt, Rinehart and Winston, registered in the United States of America and/or other jurisdictions.

Printed in the United States of America

ISBN 0-03-065677-X

1 2 3 4 5 6 7 066 05 04 03 02 01

To the Teacher

Allez, viens! allows you to integrate video into instruction. The program was shot entirely on location in French-speaking countries and supplies linguistically authentic and culturally rich video support for ***Allez, viens!***

The *Video Program* is available in two formats, on standard videocassette and on DVD. Using the *DVD Tutor* and a DVD video player to show the video allows you to quickly and easily access any segment of the *Video Program* and to repeat small segments instantly and as often as needed. In addition, the *DVD Tutor* provides video-based activities to assess student comprehension and allows you to display still images from any part of the program. Video material for Chapters 1-7 are contained on Disc 1; material for Chapters 8-12 are on Disc 2. *

The *Video Program* provides the following video support for each chapter of the *Pupil's Edition*.

- A narrated **Location Opener** introduces students to each of the six regions explored in the *Pupil's Edition*. This guided tour of the area in which the subsequent chapters take place expands students' knowledge of the geography, culture, and people of that region.

- The **Mise en train** section of each chapter is enacted on video. The scripted, controlled language supported by visual cues provides comprehensible input that models the targeted functional expressions, vocabulary, and grammar. This section can be used to present material in the chapter for the first time, to reinforce it as you go through the chapter, and to review it at the end of a lesson cycle.

- The stories presented in the **Mise en train** section of each chapter are continued and bring closure to the dramatic episodes. Look for the sections that contain the episode title and **(suite).** This expanded story allows for additional modeling of targeted functions, vocabulary, and grammar, as well as recycling and spiraling of previously learned material. French captions for every **Mise en train** section are available on Videocassette 5. Target-language captions help visual learners comprehend the story and further expand the teaching possibilities of the video.

- The **Panorama Culturel** section presents videotaped interviews with the native speakers of French introduced on the **Panorama Culturel** page in the *Pupil's Edition* as well as additional interviews with several other people from around the francophone world. The interviews are unscripted and unrehearsed; the interviewees speak at a normal rate of speed. Students will hear native speakers using "authentic" French. The opinions and reactions to the topics being discussed give students increased insight into French-speaking cultures. Teaching Suggestions and Activity Masters in this guide will help students focus on pertinent information in the interview and make the language accessible to them.

- A special **Vidéoclips** section includes authentic television commercials and music videos. These excerpts from French television give students an opportunity to hear and enjoy material produced for native speakers of French and not specifically designed for language learners. Because the authentic footage was created for francophone audiences, teachers should preview the **Vidéoclips** before classroom use to ensure compliance with local guidelines.

The *Video Guide* is designed for use with the *Video Program*. The *Video Guide* provides background information and suggestions for pre-viewing, viewing, and post-viewing activities for all portions of the video program. It also contains scripts and synopses for all dramatic episodes, transcripts of all interviews and **Vidéoclips,** supplementary vocabulary lists, and reproducible activity masters for use with all sections of the program.

*In addition to the video material and the video-based comprehension activities, the *DVD Tutor* also contains the entire *Interactive CD-ROM Tutor* in DVD-ROM format. Each DVD disc contains the activities from all 12 chapters of the *Interactive CD-ROM Tutor*. This part of the *DVD Tutor* may be used on any Macintosh® or Windows® computer with a DVD-ROM drive.

Contents

 The *DVD Tutor* contains all video material. Chapters 1-7 are on Disc1 and Chapters 8-12 are on Disc 2.

CHAPITRE PRELIMINAIRE
Allez, viens!

Functions modeled in the video:
- saying hello
- introducing yourself
- spelling
- counting
- telling how old you are

Video Synopsis

In the video for the **Chapitre Préliminaire,** people from France, Martinique, and other francophone countries and regions introduce themselves. Some of them will be seen again in the dramatic episodes and others in the **Panorama Culturel.** A young girl recites the alphabet and counts from one to twenty; other people spell their names and tell how old they are. You may wish to play the video to give students an introduction to the French language.

Teaching Suggestions

Pre-viewing
- Have students look at the map of francophone countries on page xxvi of the *Pupil's Edition.* Ask for volunteers to give the English names of some of the countries. You might point out that Vietnam and Cambodia, which are mentioned in the video, are part of Southeast Asia, located south of China, and that Polynesia is located in the South Pacific. Students may have heard of Tahiti, the best-known French island in the South Pacific.

Viewing
- Have students pay careful attention to the alphabet as recited by Maloy. Ask them to listen for any letters that Maloy forgets to say (she forgets **q**).
- Assign each person who introduces himself or herself in the video to a group of students. Play the video again, telling students to pay careful attention to their assigned person. Ask for a volunteer from each group to talk about the person, telling where he or she is from, how old he or she is, and so on.

Post-viewing
- Ask students to name anything they noticed in the video that they might not see in their area.
- Ask students what their initial impression is of the people who introduced themselves in the video.
- Have students recall francophone areas mentioned in the video. Compile a list on the board. Ask students to imagine how French came to be spoken in so many different places in the world. You might have students choose one of the areas and research its history to answer this question.
- Using the video as a model, have students introduce themselves, giving their name and age, and spell their names in French.

Activity Master 1

Supplementary Vocabulary			
ivoirien(ne)	*Ivorian (from Côte d'Ivoire)*	content(e)	*happy, satisfied*
québécois(e)	*from Quebec*	de nationalité burkinabé	*from Burkina Faso*
martiniquais(e)	*from Martinique*	cette année	*this year*
épeler	*to spell*	les trois dernières lettres	*the last three letters*

Viewing

1. Circle the words you hear people use to say hello.

   a. Bonjour!   **b.** Au revoir!   **c.** Salut!   **d.** J'ai quinze ans.

2. Where are these people from?

   1. _____ Marius   **a.** Martinique
   2. _____ Dominique   **b.** Côte d'Ivoire
   3. _____ Lucien   **c.** Québec

3. How old are these people?

a.

b.

c.

   1. _____ quatorze ans
   2. _____ seize ans
   3. _____ dix-sept ans

Post-viewing

4. Circle the places where people speak French.

   Vietnam   Mexico   China   Africa   Canada

   Polynesian Islands   South America   Martinique

   France   United States   Japan

Location: Poitiers

DVD Tutor, Disc 1
Videocassette 1
Start Time: 5:47
Length: 1:51
Pupil's Edition pages 12-15

The French in this Location Opener is spoken at normal speed. Students are not expected to understand every word. The activities for this section have been designed to help them understand the major points.

 Teaching Suggestions

 The *DVD Tutor* contains all video material plus a video-based activity to assess student comprehension of the material in the Location Opener. Short segments are automatically replayed to prompt students if they answer incorrectly.

Pre-viewing

- Have students locate Poitiers on the map on page 12 of their textbook. You might tell them that France is divided into 22 regions. Poitiers is the capital of the region called **Poitou-Charentes**.

- Have students examine the pictures of Poitiers on pages 12-15 of their textbook and imagine why Poitiers might be called **ville d'art et d'histoire** and **ville de tous les âges**. Poitiers became an important religious and commercial center during the Roman era, and an intellectual and artistic center in the Middle Ages.

- Go over the information on pages 12-15 of the *Pupil's Edition* with the students. For additional background information about Poitiers, see pages 12-15 of the *Annotated Teacher's Edition*.

- Before showing the video, read aloud the **Supplementary Vocabulary** on the Activity Master so that students will recognize the words when they hear them in the video.

Viewing

- Ask students to watch the video with the following questions in mind: Is Poitiers an ancient or a modern city? Is it a large or a small city? What would you want to see if you were to visit Poitiers?

- Have students complete the **Viewing** activities on the Activity Master. You may want to show the video more than once.

Post-viewing

- Ask students to list as many of the points of interest they saw in the video as they can recall. Have them write simple descriptions in English.

- Have students work with a partner or in groups to compare their answers to the activities on page 4. If necessary, play the video again.

- Ask students to discuss what they would want to do if they were visiting Poitiers. Have them list as many activities and places as they can recall from the video.

- Have students choose one of the sites pictured in the Location Opener and find information about it. Have them report their information to the class. You might have them work in pairs or small groups for this assignment.

Activity Master: Poitiers Location Opener

Supplementary Vocabulary

est	*is*	l'avenir	*future*
situé	*located*	un parc d'attractions	*amusement park*
un(e)	*a*	le TGV	*high-speed train*
un dolmen	*type of prehistoric monument*	la douceur	*pleasantness*
à proximité	*close by*	le plein air	*open air*

Viewing

1. Number the following attractions in Poitiers in the order in which they are mentioned. The first one has been done for you to help you get started.

   _____ un parc floral   _____ le TGV

   _____ le Futuroscope   __1__ la Pierre Levée

   _____ l'Hôtel de ville   _____ la campagne

   _____ le marché aux fleurs   _____ la cathédrale Saint-Pierre

2. Match each item with its description.

   _____ 1. la Pierre Levée   a. high-speed train

   _____ 2. le Futuroscope   b. floral park

   _____ 3. le TGV   c. amusement park

   _____ 4. la Roseraie   d. prehistoric monument

Post-viewing

3. Imagine you're visiting Poitiers. Choose the places or things you'd like to see if you were interested in the topics below. You might choose more than one, depending on the topic.

le marché aux fleurs   la Roseraie   le Futuroscope   le TGV

l'Hôtel de ville   la Pierre Levée   la campagne   la cathédrale Saint-Pierre

les terrasses   les cafés   le centre-ville

What would you like to see or where would you like to go if you were interested in . . .

1. flowers? _____

2. movies? _____

3. history? _____

4. outdoor activities? _____

5. technology? _____

6. talking with friends? _____

French 1 Allez, viens!, Location Opener 1

Faisons connaissance!

Functions modeled in video:

 DVD 1 The *DVD Tutor* provides instant access to any part of the video programs as well as the ability to repeat short segments as needed. The DVD Tutor also allows access to French language captions for all video segments as well as to video-based activities to assess student comprehension.

- greeting people and saying goodbye
- asking how people are and telling how you are
- asking someone's name and age and giving yours
- expressing likes, dislikes, and preferences about things
- expressing likes, dislikes, and preferences about activities

Video Segment	Correlation to Print Materials			Time Codes			
	Pupil's Edition	Video Guide		Videocassette 1		Videocassette 5 (captioned)	
		Activity Masters	Scripts	Start Time	Length	Start Time	Length
Mise en train	p. 18	p. 8	p. 88	7:39	5:04	0:46	5:04
Suite		p. 9	p. 88	12:46	3:19	5:55	3:19
Panorama Culturel	p. 30*	p. 8	p. 89	16:08	1:59		
Vidéoclips		p. 10	p. 90	18:08	1:17		

*The *Video Program* includes footage of the **Panorama Culturel** interviews in the *Pupil's Edition* and additional interviews.

Video Synopses

Mise en train   *Salut, les copains!*

Claire introduces herself and welcomes us to the town of Poitiers. Next, teenagers from around the French-speaking world say hello, introduce themselves, and talk about what they like and don't like. We then return to Poitiers where Claire's friends, Marc and Jérôme, introduce themselves.

Salut, les copains! (suite)

Claire and her friends greet one another on the first day back to school at their **lycée** in Poitiers. Claire introduces Ann, an exchange student from Texas, to her friends and to Monsieur Balland, the math teacher. Later, the students go to a café, where they ask one anothers' age and talk about their likes and dislikes.

Panorama Culturel

Students from around the francophone world tell us about their favorite after-school activities.

Vidéoclips

1. Commercial for **Crunch®**: chocolate bars
2. Commercial for **Tornado®**: vacuum cleaners

Teaching Suggestions

The *DVD Tutor* contains all video material plus video-based activities to assess student comprehension of the **Mise en train, Suite,** and **Panorama Culturel.** Short video segments are automatically replayed to prompt students if they answer incorrectly.

Mise en train   *Salut, les copains!*

Pre-viewing
- Have students work in small groups to list places they know of where people speak French. Have reporters read the groups' lists aloud. Write the places on the board and ask students to tell whatever they know about each place.

Viewing
- Show the video and ask students the following questions to check their comprehension of the story.
    1. What information do the teenagers give about themselves?
    2. Where are they from?
    3. What are their interests?
- Show the video again and have students do the **Viewing** activity on Activity Master 1, page 8.

Post-viewing
- Have students talk about the young people they saw, the places they're from, and their interests. Ask students what they might infer about these francophone locations, based on what they saw.
- Ask students which of these people they would like to get to know better and which place(s) they would like to visit.

Salut, les copains! (suite)

Pre-viewing
- Ask students what gestures and words they use to greet a friend, a teacher, a parent, or the friend of a parent.
- If anyone has ever been an exchange student or has a friend who has been one, have that person share his or her experiences or knowledge. Ask students what they think it would be like to be a visitor in one of these French-speaking areas. Ask them what information they would need to know and where they could find it.

Viewing
- Show the video and ask students the following questions to check their comprehension of the story.
    1. What do M. Balland and Marc talk about?
    2. Who does Ann meet?
    3. What things does Marc like?
    4. Where do Claire and her friends go?
    5. What do they do for Ann?
- Show the video again and have students do the **Viewing** activities on Activity Masters 2 and 3, pages 9-10.

Post-viewing
- Ask students to guess what **la rentrée** means. How do the characters greet one another? What actions do they use? How is this different from the way we greet people in the United States?
- Ask students what other cultural differences Ann encountered in the episode.
- Have students correct the false statements in Activity 10 on Activity Master 3, page 10.

Panorama Culturel

Pre-viewing

- Talk with students about their after-school activities. Activity 4 on Activity Master 2, page 9, asks students to make a list of things they like to do. You may want to ask them which things they think French-speaking teenagers like to do.

Viewing

- To do the **Panorama Culturel** activity on Activity Master 1, page 8, stop the tape after the first three interviews.

Post-viewing

- Have students recall as many of the activities mentioned in the interviews as they can. Call on students to guess what each activity is.

- Ask students to imagine what the people interviewed in the **Panorama Culturel** are like, based on the activities they mentioned. Ask them what other activities they think the people in the interviews might like to do.

- Ask for volunteers to share with the class their interview results from Activity 7 on Activity Master 2, page 9.

Vidéoclips

- Ask students what kind of product is being advertised in each of the commercials.

- Ask students what they see in **Vidéoclip 1** that they wouldn't expect to see in the United States. They might mention the clothes people in the audience are wearing, the band playing, the streets, and the architecture.

- Ask students to guess what the vacuum cleaner in **Vidéoclip 2** is being compared to (a race car).

C'est dans la boîte! *(It's a wrap!)*

- Play the **Mise en train** again. Using the video as a model, have students introduce themselves to a partner in French and say a couple of things that they like to do.

Nom_____ Classe_____ Date_____

Activity Master 1

Mise en train *Salut, les copains!*

Supplementary Vocabulary			
marocain(e)	*Moroccan*	allemand(e)	*German*
But!	*Goal!*	le patin	*ice-skating*
belge	*Belgian*	le soleil	*sun*
C'est chouette!	*It's great!*	la mer	*sea*

Viewing

1. Draw lines to connect the people in the video with the places where they live and the activities they like to do.

Thuy	Martinique	parler au téléphone
Emilie	Suisse	voyager
Stéphane	Québec	aller au cinéma
Didier	Paris	danser
André	Belgique	faire de l'équitation

Post-viewing

2. Match the pictures with the activities you heard mentioned in the video.

a.   b.   c.   d.   e.

1. _____ jouer au tennis 3. _____ jouer au football 5. _____ faire du patin

2. _____ lire 4. _____ aller à la plage

Panorama Culturel

Viewing

3. Match the people with the activities they mention by placing check marks in the boxes.

Supplementary Vocabulary			
la piscine	*swimming pool*	du temps libre	*free time*
discuter	*to talk, discuss*		

	regarder la télévision	aller au cinéma	lire	aller à la plage	écouter de la musique
Gabrielle					
Fabienne					
Caroline					

French 1 Allez, viens!, Chapter 1

Activity Master 2

Panorama Culturel

Supplementary Vocabulary			
sortir	to go out	la bibliothèque	library
faire de la photo	to do photography	la natation	swimming
dessiner	to draw	jouer	to play
le basket	basketball		

Pre-viewing

4. Make a list in English of things you like to do.

_____
_____
_____

Viewing

5. On the list you made in Activity 4, circle any of the items that you hear mentioned in the interviews. Listen for activities that aren't on your list.

Post-viewing

6. Write down in English any activities you recognized that aren't on your list.

_____
_____
_____

7. Compare the list of things you like with a partner's. Ask your partner what he or she likes and dislikes.

Mon/Ma camarade aime...   **Mon/Ma camarade n'aime pas...**

_____   _____
_____   _____
_____   _____

Salut, les copains! (suite)

Supplementary Vocabulary			
la nouvelle	the new girl	D'accord.	OK.
bienvenue	welcome	Bonne rentrée.	Welcome back to school.
un croque-monsieur	grilled ham and cheese sandwich		

Viewing

8. Number the events below in the order in which they occur in the story.

a. _____ Jérôme arrives at school.
b. _____ Claire and her friends go to the café.
c. _____ Claire introduces Ann to Monsieur Balland and Marc.
d. _____ Marc talks to Monsieur Balland.

Nom_____ Classe_____ Date_____

Activity Master 3

9. Match each statement below with the person who makes it.

   a. Claire   **b. Jérôme**   **c. Marc**   **d. Ann**

1. _____ Je vous présente Ann.

2. _____ Comment elle s'appelle, la nouvelle?

3. _____ Alors, c'est deux.

4. _____ Moi, j'aime mieux les hamburgers.

5. _____ Les maths? Euh… oui, ça va.

6. _____ Tu aimes les croque-monsieur?

7. _____ Et Jérôme? Il a quel âge?

8. _____ Eh bien, tu parles américain maintenant?

Post-viewing

10. Decide whether the following statements are true (**vrai**) or false (**faux**).

	Vrai	Faux
1. Ann est américaine.	_____	_____
2. M. Balland est professeur de français.	_____	_____
3. Claire a quatorze ans.	_____	_____
4. Jérôme a trois ans.	_____	_____
5. Marc déteste les croque-monsieur.	_____	_____

Vidéoclips

11. What do you see in **Vidéoclip 1** that you probably wouldn't see in the United States?

_____

_____

_____

12. In **Vidéoclip 2,** you will hear several words that are very similar to words in English. Write down any words that you recognize.

_____

_____

_____

French 1 Allez, viens!, Chapter 1

Vive l'école!

Functions modeled in the video:

- agreeing and disagreeing
- asking for information
- giving information
- expressing opinions
- telling time

DVD 1 The *DVD Tutor* provides instant access to any part of the video programs as well as the ability to repeat short segments as needed. The *DVD Tutor* also allows access to French language captions for all video segments as well as to video-based activities to assess student comprehension.

Video Segment	Correlation to Print Materials			Time Codes			
	Pupil's Edition	*Video Guide*		Videocassette 1		Videocassette 5 (captioned)	
		Activity Masters	Scripts	Start Time	Length	Start Time	Length
Mise en train	p. 48	p. 14	p. 90	19:40	3:46	9:17	3:46
Suite		p. 15	p. 91	23:28	3:40	13:06	3:40
Panorama Culturel	p. 60*	p. 14	p. 91	27:12	3:42		
Vidéoclips		p. 16	p. 92	30:55	5:55		

*The *Video Program* includes footage of the **Panorama Culturel** interviews in the *Pupil's Edition* and additional interviews.

 Video Synopses

Mise en train   *La rentrée*

In this episode, Claire and her friends arrive at school. Claire introduces Ann, her American pen pal who has come to study in Poitiers, to her friends. They tell what classes they have and what they think of them. At the end, Jérôme realizes that he has left his sneakers, which he needs for gym class, at home.

La rentrée (suite)

Marc and Jérôme meet after their morning classes. Jérôme rushes home during lunch to get his sneakers for gym class. When he returns, he discovers that class has been canceled.

Panorama Culturel

Students from around the francophone world talk about their classes.

Vidéoclip

Music video: *Tout ce que j'ai, tout ce que j'aime* performed by Pierre Flynn

The *DVD Tutor* contains all video material plus video-based activities to assess student comprehension of the **Mise en train, Suite,** and **Panorama Culturel.** Short video segments are automatically replayed to prompt students if they answer incorrectly.

Mise en train *La rentrée*

CHAPITRE 2

Pre-viewing
- Mention to students that secondary-school students in francophone countries take many of the same classes as their counterparts in the United States, as well as philosophy, and one or more foreign languages. Schools are highly competitive, with an emphasis on academic achievement, and very little importance is given to extracurricular activities or sports. Traditionally, French students have gone home for lunch, but now they are more likely to eat in the school cafeteria **(la cantine).** Most students have Wednesday and Saturday afternoons off.
- Point out that the students in this episode use a lot of informal language, much of it consisting of abbreviations: **sciences nat = sciences naturelles, sympa = sympathique, aprèm = après-midi.** Also typical are the expressions **Ça boume?** for **Ça va?, super** for **très,** and the use of English words such as *cool.*

Viewing
- Show the video and ask students the following questions to check their comprehension of the story.
    1. What do you think **la rentrée** means?
    2. What are the students discussing?
    3. What classes do they mention?
    4. What class do they all have together?
    5. What is Jérôme worried about at the end of the story?
- Show the video again and have students do the **Viewing** activity on Activity Master 1, page 14.

Post-viewing
- After students have viewed *La rentrée,* have them work in small groups to compare their answers to Activities 1 and 2 on Activity Master 1, page 14. Then play the video again so they can check their work.

La rentrée (suite)

Pre-viewing
- Ask students what they would do if they were in Jérôme's situation. Have them brainstorm as a class or in small groups to come up with a variety of solutions.
- You may want to explain to students that, in conversation, people usually use expressions such as **midi et quart** or **midi et demi.** They will hear these expressions in the video, as well as examples of official time.

Viewing
- Show the video and ask students the following questions to check their comprehension of the story.
    1. How has Marc's opinion of his math class changed?
    2. Why does Jérôme go home during lunch?
    3. What happens when Claire and Marc meet again?
    4. Why is Jérôme upset at the end of the story?
- See the **Viewing** activities on Activity Masters 2 and 3, pages 15-16.

Post-viewing
- Ask students to describe Marc, Claire, and Jérôme's reactions to the cancellation of gym class. Ask students what their reactions would be in this situation.

Panorama Culturel

Pre-viewing
- Have students brainstorm French vocabulary for school subjects. You may want to compile a list on the board or on a transparency.

Viewing
- As students watch, ask them to notice the differences between the interviewees' class schedules and their own.
- To do the **Panorama Culturel** activity on Activity Master 1, stop the tape after the first three interviews.

Post-viewing
- Ask students which of the people interviewed has a schedule most like their own.
- Write the following expressions on the board: **Tu as quoi le lundi? J'ai _____ . Tu as _____ à _____ heure(s)?** Have students work in pairs to interview each other about their class schedules using these expressions. Each student could fill out the blank schedule in the *Practice and Activity Book,* page 19, based on his or her partner's answers.
- You might tell students that Eva mentions a course called **le CM.** This is an abbreviation for **éducation civique et morale.**

Vidéoclip

- Much of the vocabulary in this music video may be beyond students' comprehension level at this time. You may want to direct their attention to the refrain. Tell them to listen for familiar words and to use the images to help them understand the song's meaning.
- Ask students to guess who the young girl, the woman, and the older woman are. (They are all the same person at different stages of life.)

C'est dans la boîte!

- Play the **Mise en train** again. Have students listen for ways to tell what classes they have, agree, disagree, and express opinions.
- Have students play the roles of the interviewer and interviewee, as in the **Panorama Culturel.** Have them imagine they are students at a **lycée** in a francophone country and interview each other in French about the classes they have.
- The **Vidéoclip** contains several examples of liaison, such as in **nous étions** and **des hommes.** Play it again and have students listen for these and other examples. You may want to provide students with the transcript of the song (See page 92.) so they can mark the liaisons they hear.

Activity Master 1

Mise en train *La rentrée*

Supplementary Vocabulary			
après	*after*	être en retard	*to be late*
difficile	*difficult*	Bon courage!	*Good luck!*
facile	*easy*	un emploi du temps	*schedule*
avoir raison	*to be right*	mes baskets	*my sneakers*

Viewing

1. Circle the class that each student has first.

   1. Delphine a **histoire / allemand**.
   2. Claire a **sciences nat / histoire**.
   3. Marc a **maths / sport**.
   4. Jérôme a **espagnol / allemand**.

Post-viewing

2. Which person is most likely to have made each of the following statements?

   a. Claire   **b. Ann**   **c. Delphine**   **d. Marc**   **e. Jérôme**

   _____ 1. Les sciences nat, c'est passionnant!

   _____ 2. J'aime l'anglais, l'allemand et l'espagnol.

   _____ 3. L'espagnol, c'est facile pour moi.

   _____ 4. Le sport, c'est cool!

   _____ 5. J'adore l'allemand.

   _____ 6. Le prof de sciences nat est sympa.

   _____ 7. Les maths, c'est nul!

   _____ 8. Tu as sciences nat? Bon courage! C'est difficile.

   _____ 9. J'aime bien la géographie et l'histoire.

Panorama Culturel

Supplementary Vocabulary			
j'apprends	*I'm learning*	comme ça	*like that*
beaucoup de	*a lot of*	les matières	*subjects*

Viewing

3. Circle the subjects you hear each interviewee mention.

   Amadou : mathématiques   sciences naturelles   histoire   français   anglais

   Yannick : espagnol   géographie   français   chimie   anglais   histoire

   Patrice : français   maths   anglais   histoire   éducation physique

French 1 Allez, viens!, Chapter 2

Activity Master 2

Panorama Culturel

Supplementary Vocabulary			
l'écriture	*writing*	le dessin	*art class*
l'économie	*economics*	C'est tout.	*That's all.*

4. Place a check mark next to a subject each time you hear it mentioned in the interviews.

_____ la chimie   _____ les maths

_____ l'allemand   _____ la physique

_____ les arts plastiques   _____ l'informatique

_____ les sciences naturelles   _____ le latin

_____ l'histoire-géographie   _____ la musique

_____ le français   _____ l'anglais

_____ l'éducation physique (le sport)   _____ le dessin

Post-viewing

5. Based on your answers to Activity 4, write the names of the subjects mentioned most often and least often by the interviewees.

_____

_____

_____

La rentrée (suite)

Supplementary Vocabulary			
vraiment	*really*	midi et demi	*12:30 P.M.*
Marche.	*Walk.*	midi et quart	*12:15 P.M.*
Parfait!	*Perfect!*	malade	*sick*
C'est pas drôle.	*It's not funny.*	mes chaussures	*my shoes*
C'est pas vrai!	*It's not true!*	Tout ça pour rien.	*All that for nothing.*

Viewing

6. Circle the times that you see or hear mentioned in the video.

treize heures trente   treize heures vingt-sept

                        onze heures cinq   douze heures quarante-cinq

treize heures dix   treize heures vingt

                        treize heures quinze   treize heures

onze heures vingt   quinze heures vingt-cinq

Activity Master 3

7. Match the people with the statements you hear them make in the video.

a. Claire   b. Marc   c. Jérôme

1. _____ Super! J'ai des devoirs à faire. J'aime mieux ça.
2. _____ Tout ça pour rien.
3. _____ Oh non, on a étude!
4. _____ Je n'ai pas mes baskets pour le sport.
5. _____ Finalement, c'est pas mal, les maths.

Post-viewing

8. Match these functions you've learned with the expressions from the video.

1. _____ expressing a positive opinion
2. _____ telling what time it is
3. _____ expressing a negative opinion
4. _____ telling what course you have

a. Il est midi et demi.
b. On a étude.
c. Super, ce cours de maths!
d. Bof, pas terrible.

9. List the classes you have today and the times they meet, using the 24-hour system.

Cours	Heure
_____	_____
_____	_____
_____	_____
_____	_____

Cours	Heure
_____	_____
_____	_____
_____	_____
_____	_____

Vidéoclip

Supplementary Vocabulary			
C'est tout.	That's all.	Je veux garder	I want to keep

Viewing

10. Watch the images in the music video and listen closely to the refrain. Write down what you think the song is about.

_____

_____

_____

CHAPITRE 2

Tout pour la rentrée

Functions modeled in the video:

- making and responding to requests
- telling what you'd like and what you'd like to do
- getting someone's attention and asking for information
- expressing thanks

 DVD 1 The *DVD Tutor* provides instant access to any part of the video programs as well as the ability to repeat short segments as needed. The *DVD Tutor* also allows access to French language captions for all video segments as well as to video-based activities to assess student comprehension.

Video Segment	Correlation to Print Materials			Time Codes			
	Pupil's Edition	Video Guide		Videocassette 1		Videocassette 5 (captioned)	
		Activity Masters	Scripts	Start Time	Length	Start Time	Length
Mise en train	p. 76	p. 20	p. 92	37:07	4:49	16:51	4:49
Suite		p. 21	p. 93	41:59	4:21	21:44	4:21
Panorama Culturel	p. 83 *	p. 20	p. 94	46:25	2:04		
Vidéoclips		p. 22	p. 94	48:31	1:58		

*The *Video Program* includes footage of the **Panorama Culturel** interviews in the *Pupil's Edition* and additional interviews.

 ## Video Synopses

Mise en train   *Pas question!*

Julie and her mother are shopping for school supplies. They get a salesperson's attention and ask her for help. Julie tells her mother what supplies she needs. At the end, Julie and her mother cannot agree upon which schoolbag she should buy.

Pas question! (suite)

The next day, Julie drops all her supplies as she is leaving for school. Her mother suggests ordering a schoolbag on the Internet, but it's not available. Julie goes back to the store and takes another look at the schoolbag she didn't like. She decides to get it in a different color. Julie also buys a T-shirt for herself and one for her mother. When she returns home, her mother thanks Julie for the T-shirt, and she thanks her mother for buying her the schoolbag.

Panorama Culturel

Students from around the francophone world talk about what they need for school.

Vidéoclips

1. Commercial for **Waterman®:** pens
2. Commercial for **France Télécom®:** French telephone company

Teaching Suggestions

 The *DVD Tutor* contains all video material plus video-based activities to assess student comprehension of the **Mise en train, Suite,** and **Panorama Culturel.** Short video segments are automatically replayed to prompt students if they answer incorrectly.

Mise en train   *Pas question!*

Pre-viewing
- Tell students that school supplies, including textbooks, are not provided by public schools in many francophone countries. Ask students which of their supplies they buy and which are provided by the school.
- Have students write in English a shopping list of all the school supplies they need at the beginning of the school year. As they watch the video, they can check off those they see.

Viewing
- Show the video and ask students the following questions to check their comprehension of the story.
    1. What kind of store are Julie and Madame Pelletier in? What are they doing there?
    2. What do Julie and Madame Pelletier disagree about?
    3. What does Julie decide to do at the end of *Pas question!*?
- Show the video again and have students do the **Viewing** activities on Activity Master 1, page 20.

Post-viewing
Have students compare answers to Activity 2 on Activity Master 1, page 20. Then play the video again so they can check their answers.

Pas question! (suite)

Pre-viewing
- Ask students to recall Julie's problem from the **Mise en train.** Do they agree more with Julie or with her mother? Why? Have students suggest possible solutions to Julie's problem.
- Ask students if they have ever been in a similar situation. If so, what did they do?

Viewing
- Show the video and ask students the following questions to check their comprehension of the story.
    1. What does Julie eventually buy?
    2. Where does she buy them?
    3. How is Julie able to afford the things she buys?
- Show the video again and have students do Activity 7 on Activity Master 2, page 21.

Post-viewing
- Ask students what is ironic about the way the story turns out. (Julie ends up choosing the same bag her mother wanted her to buy, but in a different color.)
- Show the video again. Ask students to pay attention to the prices of items before doing Activity 8 on Activity Master 3, page 22.
- Bring a newspaper to class or have students search the Internet to find the current exchange rate for euros. Ask them to calculate the prices mentioned in the video in dollars. Would they react to the prices in dollars as the people in the video do to the prices in euros? Do the prices seem higher, lower, or about the same as prices in the United States?

French 1 Allez, viens! Chapter 3

CHAPITRE 3

Panorama Culturel

Pre-viewing
- Have students work in small groups to make a list of all the school supplies they can name in French.

Viewing
- See Activities 4 and 5 on Activity Masters 1 and 2, pages 20 and 21.
- To do the **Panorama Culturel** activity on Activity Master 1, stop the tape after the first three interviews.

Post-viewing
- Discuss the differences between the kinds of school supplies students in the United States need and those French students need. (For example, most students in France use a **trousse**.)

Vidéoclips

- You might review French words for school supplies before showing **Vidéoclip 1**. Activity 9 on Activity Master 3, page 22, asks students to list any school supplies they see.
- After showing the **Vidéoclips,** ask students if they recall American commercials for similar products and services. Ask them to comment on any cultural differences they may have noticed, such as the two children dressed in uniforms in **Vidéoclip 1**, or what the telephones look like in **Vidéoclip 2**.

C'est dans la boîte!

- Play the **Mise en train** again. Have students make a list of expressions that people use to tell what they like and don't like, to get someone's attention, to ask for information, and to express thanks.
- Show the **Panorama Culturel** again. Have students ask each other for which classes they need certain supplies. You might give them a model, such as:

    — **Qu'est-ce qu'il te faut pour l'anglais?**
    — **Il me faut un dictionnaire et un cahier.**

Activity Master 1

Mise en train *Pas question!*

Viewing

1. How many notebooks does Julie need for each subject? Write the numbers in the blanks.

	Supplementary Vocabulary	
les fournitures scolaires	*school supplies*	
C'est pratique.	*It's useful.*	
cher	*expensive*	
sans	*without*	

_____ histoire   _____ français

_____ allemand   _____ éducation physique

_____ biologie   _____ maths

_____ anglais   _____ géographie

2. Place a check mark next to the supplies Madame Pelletier buys for Julie and an X next to the ones she doesn't.

_____ une calculatrice-traductrice   _____ un tee-shirt   _____ des crayons de couleur

_____ une trousse   _____ une calculatrice   _____ des cahiers

Post-viewing

3. Match the people with what they say or ask.

a. **Julie**   b. **Mme Pelletier**   c. **la vendeuse**

1. _____ Bien sûr. Là, à côté des cahiers.   4. _____ Je voudrais des couleurs différentes.

2. _____ Qu'est-ce qu'il te faut?   5. _____ Une calculatrice-traductrice, c'est génial!

3. _____ Vous avez des trousses, s'il vous plaît?   6. _____ C'est combien, s'il vous plaît?

Panorama Culturel

	Supplementary Vocabulary		
des vêtements	*clothes*	des robes	*dresses*
des chaussures	*shoes*	la tenue	*uniform*
des jupes	*skirts*	étudier	*to study*

Viewing

4. Based on the interviews, do these supplies belong to **a) Séverine, b) Marius,** or **c) Onélia?**

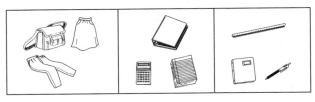

1. _____   2. _____   3. _____

French 1 *Allez, viens!,* Chapter 3

CHAPITRE 3

Activity Master 2

Panorama Culturel

5. Write the letters of the items that each person mentions.

Supplementary Vocabulary			
le cartable	*schoolbag*	pour l'école	*for school*
les ustensiles	*utensils*	on doit avoir	*you need*

a.   b.   c.   d.

e.   f.   g.   h.

Séverine _____   Virginie _____   Arnaud _____

Onélia _____   Eva _____   Matthieu _____

Marius _____   Evelyne _____   Jean-Christophe _____

Post-viewing

6. What school supplies are used in these classes?

les mathématiques   le français   les arts plastiques

_____   _____   _____

_____   _____   _____

_____   _____   _____

Pas question! (suite)

Supplementary Vocabulary			
la commande	*order*	Dommage.	*What a shame.*
une carte bancaire	*bank (debit) card*	Zut!	*Darn!*
la caisse	*cash register*	pratique	*practical*

Viewing

7. Check the sentences that describe what happens in the story.

1. _____ Julie buys a cassette.

2. _____ Julie buys a schoolbag for 12 euros.

3. _____ Julie buys an expensive leather bag.

4. _____ Julie finds some extra money in her pocket.

5. _____ Julie buys a present for her mother.

6. _____ Julie orders a schoolbag on the Internet.

CHAPITRE 3

Activity Master 3

Post-viewing

8. Imagine that Julie is buying the supplies you saw in the video at the **Librairie Lamartine**. How much would they cost?

fournitures   prix

_____

_____

_____

_____

_____

_____

LIBRAIRIE LAMARTINE

«Pour la rentrée scolaire»

crayons	0,64€
stylos	1,22€
gommes	0,93€
classeurs	3,05€
trousses	2,90€
règles	1,09€
cahiers	1,83€

Vidéoclips

Supplementary Vocabulary			
la réunion-téléphone	teleconference	renseignez-vous	find out about it
les affaires	business	un rendez-vous	meeting

Viewing

9. List in French the school supplies you see in **Vidéoclip 1**.

_____

_____

10. Circle the dates you hear in **Vidéoclip 2**.

  le 20 le 21 le 22 le 23 le 24 le 25

Post-viewing

11. Write out the dates that you circled in Activity 10.

_____

_____

12. How are these commercials similar to or different from commercials in the United States?

_____

_____

CHAPITRE 3

French 1 Allez, viens!, Chapter 3

Location: Québec

DVD Tutor, Disc 1
Videocassette 2
Start Time: 1:21
Length: 2:03
Pupil's Edition pages 102-105

The French in this Location Opener is spoken at normal speed. Students are not expected to understand every word. The activities for this section have been designed to help them understand the major points.

 Teaching Suggestions

 The *DVD Tutor* contains all video material plus a video-based activity to assess student comprehension of the material in the Location Opener. Short segments are automatically replayed to prompt students if they answer incorrectly.

Pre-viewing

- Have students locate Quebec City on the map on page 102 of their textbook.

- Ask students if they know of which province Quebec City is the capital (Quebec). Tell students that the name Quebec comes from the Algonquian name **Kébec**, meaning *the narrowing of the river,* because it is located where the St. Lawrence River narrows.

- Go through the information on pages 102-105 of the *Pupil's Edition* with your students. For additional background information about Quebec, see pages 102-105 of the *Annotated Teacher's Edition*.

- Before showing the video, read aloud the **Supplementary Vocabulary** on the Activity Master so that students will recognize the words when they hear them in the video.

Viewing

- Ask students to watch the video with the following questions in mind: What is the climate like in Quebec? What different countries have influenced Quebec? Ask students to give you their first impressions of Quebec and then play the video again.

- Show the video a third time and have students complete the **Viewing** activity on the Activity Master.

Post-viewing

- Ask students to list as many of the points of interest they saw in the video as they can recall. Have them write simple descriptions in English.

- Have students work with a partner or in groups to compare their answers to Activities 1-3. If necessary, play the video again.

- Have students prepare original true-false statements about Quebec based on the video. Then have them read their statements aloud and ask the others to decide if the statements are **vrai** or **faux.**

- After students have completed Activity 4, have them discuss their itineraries.

Activity Master: Québec Location Opener

Supplementary Vocabulary

souriant(e)	*smiling*	parmi	*among*
un(e) Québécois(e)	*a person from Quebec*	au pied de	*at the foot of*
un coin de rue	*a street corner*	qui sait	*that knows*
une exposition	*an exhibit*	reçoit	*receives*
à peine	*barely*	chaque	*each*

Viewing

1. Number the points of interest in the order in which they appear in the video. The first one has been done for you to help you get started.

    _____ les rues animées   _____ les vieilles maisons

    _____ la rue du Trésor   _____ les lacs

    ___1___ la terrasse Dufferin   _____ le château Frontenac

Post-viewing

2. Are these statements true (**vrai**) or false (**faux**)?

	Vrai	Faux
1. Québec est une ville traditionnelle et moderne.	_____	_____
2. La rue du Trésor est située dans le Vieux-Québec.	_____	_____
3. La terrasse Dufferin est un hôtel de luxe.	_____	_____
4. Il y a des forêts et des montagnes à l'extérieur de Québec.	_____	_____
5. Il y a des expositions d'art sur la terrasse Dufferin.	_____	_____

3. Match the words on the left with the descriptions on the right.

    _____ 1. la terrasse Dufferin   **a.** des expositions d'art

    _____ 2. le château Frontenac   **b.** un hôtel de luxe

    _____ 3. la rue du Trésor   **c.** une promenade au pied du château

    _____ 4. les lacs et les forêts   **d.** à l'extérieur de la ville

4. Imagine that you're planning a trip to Quebec City. Where will you go? What will you do? Plan your itinerary below.

    _____

    _____

    _____

    _____

    _____

    _____

4

Sports et passe-temps

Functions modeled in the video:

DVD 1 The *DVD Tutor* provides instant access to any part of the video programs as well as the ability to repeat short segments as needed. The *DVD Tutor* also allows access to French language captions for all video segments as well as to video-based activities to assess student comprehension.

- telling how much you like or dislike something
- telling how much you like or dislike doing something
- exchanging information
- making, accepting, and turning down suggestions

Video Segment	Correlation to Print Materials			Time Codes			
	Pupil's Edition	Video Guide		Videocassette 2		Videocassette 5 (captioned)	
		Activity Masters	Scripts	Start Time	Length	Start Time	Length
Mise en train	p. 108	p. 28	p. 95	3:26	5:05	26:12	5:05
Suite		p. 29	p. 95	8:34	9:48	31:20	9:48
Panorama Culturel	p. 121*	p. 28	p. 97	18:31	2:14		
Vidéoclips		p. 30	p. 97	20:46	1:20		

*The *Video Program* includes footage of the **Panorama Culturel** interviews in the *Pupil's Edition* and additional interviews.

 Video Synopses

Mise en train *Nouvelles de Québec*

Emilie is making a video for her pen pal, Leticia, who lives in San Diego. Emilie and her friends tell Leticia about their sports and activities in Quebec City and what they like to do. They also talk about the weather and the different things you can do in each season in Quebec.

Nouvelles de Québec (suite)

Emilie and her friends continue to talk about their activities and sports that include mountain biking and hiking at Mount Sainte-Anne, watching a hockey game, riding horses, and ice-skating.

Panorama Culturel

Students from around the francophone world tell what sports they participate in.

Vidéoclips

1. Commercial for **Noky®:** paper products
2. Commercial for **Casino®:** grocery store

 **Teaching Suggestions**

 The *DVD Tutor* contains all video material plus video-based activities to assess student comprehension of the **Mise en train, Suite,** and **Panorama Culturel.** Short video segments are automatically replayed to prompt students if they answer incorrectly.

Mise en train *Nouvelles de Québec*

Pre-viewing

- Have students look at the map of francophone America (*Pupil's Edition,* p. xxv) and locate Quebec. Ask them what they know about its geography, history, and climate. You might also want to review the Quebec City Location Opener at this time (*Pupil's Edition,* pp. 102-105). Find out if anyone has taken a trip to Quebec. Students may also have heard of Lake Champlain between Vermont and New York, and of the Thousand Island region on the St. Lawrence River.

- You might point out that because of their isolation from France during the English domination, French Canadians have a different accent and use expressions not used in France, such as **c'est l'fun** or **la fin de semaine.** You may also want to mention that French Canadians say **le vidéo** instead of **la vidéo.** You might add that ties between the two nations are now very close, and Canadian singers like Mylène Farmer and Céline Dion are very popular in France.

- Ask students what they would include in a video to send to a pen pal. What would they want him or her to see in their area? What do people do for fun there?

Viewing

- Show the video and ask students the following questions to check their comprehension of the story.

    1. What kinds of things does Emilie show Leticia in her video?
    2. What can you do at the **Centre Communautaire Lucien Borne**?
    3. What does Emilie like to do there?
    4. What do Marie and François say they're going to do in the afternoon?
    5. What happens to Michel at the end?

- Show the video again and have students do the **Viewing** activities on Activity Master 1, page 28.

Post-viewing

- Ask for volunteers to give their answers to Activities 1, 2, and 3 on Activity Master 1, page 28.

- Play the video again and have students listen for expressions that tell what sports and activities people do. Ask students which sports they like and in which season they take part in them. Tell students you like a certain sport: **Moi, j'aime le tennis.** Have them raise their hands to respond when you ask **Qui aime le tennis?** Ask students who raise their hands **Tu aimes le tennis?** Repeat this procedure with the other sports and activities in the video.

Nouvelles de Québec (suite)

Pre-viewing

- Have students tell what sports and activities they like and what they like to see or do in their city or town. Ask them which of these sports and activities they think might be popular in Quebec, based on their knowledge of the climate, geography, and people.

- Have students recall the French words for the sports and activities they suggested.

Viewing

- Show the video and ask students the following questions to check their comprehension of the story.

    1. What landmarks do Michel and Emilie show Leticia?
    2. What do Emilie and her friends do at **mont Sainte-Anne?**
    3. What other activities do they like to do?
    4. What activities does the man at the ice-skating rink participate in?

French 1 Allez, viens!, Chapter 4

CHAPITRE 4

- Show the video again and have the students do the **Viewing** activities on Activity Masters 2 and 3 on pages 29 and 30.

Post-viewing
- Ask students to recall the activities each of the characters in the video likes.
- Have students work in small groups to create a class video presentation of the sports and leisure activities that are popular in their area. Send it to a school in Quebec and start an exchange!

Panorama Culturel

Pre-viewing
- Ask students what sports and activities they think would be popular in the francophone locations they know. You may want to point out that in Quebec, winter sports such as downhill skiing, cross-country skiing, and ice-skating are very popular, and that hockey is considered the national sport of Canada. Because of its location, Martinique is ideal for water sports and beach activities. Other possibilities to mention might include mountain-climbing in the French and Swiss Alps, and rock-climbing and spelunking in southern France.

Viewing
- See Activities 4 and 5 on Activity Masters 1 and 2, pages 28 and 29.

Post-viewing
- Have students select five classmates to interview about the sports they play and try to find a sport that all five interviewees play. The first one who discovers a sport that all five interviewees play wins!
- Ask students to tell what sports are played by all five of the classmates they interviewed. Write the most popular sports on the board and compare these results with those of Activity 4 on Activity Master 1, page 28.

Vidéoclips

- Ask students what the message of each commercial is. In what ways are these ads different from or similar to American commercials?
- Play **Vidéoclip 1** again and have students listen for **ne... jamais.** Have them write sentences, using **souvent, quelquefois,** or **ne... jamais,** to indicate how often, if ever, they take part in a sport or activity. Next, name a sport or activity and ask for volunteers to read the sentences that include the sport or activity you named.
- Ask students to describe what they saw in **Vidéoclip 2.** In what way do the images and people support the idea that the grocery store advertised is for all kinds of people?
- Play **Vidéoclip 2** a second time and ask students to identify the seasons mentioned.

C'est dans la boîte!

- Show the **Mise en train** again and ask students these questions: **Où est-ce qu'Emilie va tous les samedis? Qu'est-ce qu'on fait là-bas? Que font Marie et François cet après-midi? Quel temps fait-il? C'est quelle saison? Qu'est-ce que les quatre amis font au café?**
- Show the **Panorama Culturel** again. Have partners play the roles of the interviewer and interviewee and ask each other in French what sports they play.

CHAPITRE 4

Nom_____ Classe_____ Date_____

Mise en train *Nouvelles de Québec*

Supplementary Vocabulary			
Vous avez faim?	*Are you hungry?*	Il y a du vent.	*It's windy.*
manger	*to eat*	l'équitation (f.)	*horseback riding*
Il fait mauvais.	*The weather's bad.*	la peinture	*painting*

Viewing

1. Match the seasons and the sports, according to Emilie's video.

   1. _____ Au printemps,...
   2. _____ En été,...
   3. _____ En automne,...
   4. _____ En hiver,...

   a. on fait de l'équitation.
   b. on fait du patin.
   c. on fait du vélo.
   d. on joue au tennis.

2. Place a check mark next to the sports and activities that Emilie and her friends mention.

   _____ la planche à voile
   _____ le ski
   _____ le base-ball
   _____ le basket
   _____ le golf
   _____ le badminton
   _____ le vélo

   _____ le football
   _____ la voile
   _____ le volley-ball
   _____ le ski nautique
   _____ le parapente
   _____ la natation
   _____ le bowling

Post-viewing

3. Name a few of the activities or sports that you could do at the **Centre Communautaire Lucien Borne.**

   _____

   _____

Panorama Culturel

Supplementary Vocabulary			
la piscine	*swimming pool*	le patin à roulettes	*roller-skating*
le patinage	*skating*	l'équipe (f.)	*team*

Viewing

4. What sports do Marius, Aljosa, and Mélanie talk about? Place a check mark in the appropriate boxes.

Marius					
Aljosa					
Mélanie					

CHAPITRE 4

French 1 Allez, viens!, Chapter 4

Activity Master 2

Panorama Culturel

Supplementary Vocabulary			
faire du bateau	*to go boating*	la course de vitesse	*sprint*
faire du cheval	*to go horseback riding*	le saut en hauteur	*high jump*
les sports nautiques	*water sports*	la planche à voile	*windsurfing*

5. Place a check mark next to a sport every time you hear it mentioned.

_____ le volley-ball   _____ le tennis
_____ le football   _____ la course
_____ le bowling   _____ la natation
_____ le badminton   _____ le basket
_____ le squash   _____ le patinage
_____ le patin à roulettes   _____ le golf

Post-viewing

6. Which sports are the most popular among the people interviewed?

_____

_____

Nouvelles de Québec (suite)

Supplementary Vocabulary			
le billet	*ticket*	le match	*game*
le cheval	*horse*	la patinoire	*skating rink*
la promenade	*walk*	le ski alpin	*downhill skiing*

Viewing

7. Number the places below in the order in which they're mentioned.

a. _____ la porte Saint-Jean
b. _____ le quartier Petit-Champlain
c. _____ les plaines d'Abraham
d. _____ les fortifications
e. _____ le mont Sainte-Anne

8. Read the sentences below before you watch the video. Then as you watch, listen for these sentences and circle the verb that you hear.

1. Voilà les plaines d'Abraham. Ici on **fait / joue** du jogging, on **fait / joue** au football, et quand il fait beau, c'est parfait pour les pique-niques.
2. Aujourd'hui, Emilie et moi, nous **faisons / jouons** du vélo de montagne.
3. Au mont Sainte-Anne on **fait / joue** beaucoup de sports.
4. Tu vois François, lui, il **fait / joue** de la guitare.
5. Et toi, Leticia, tu **fais / joues** de la musique?
6. On **fait / joue** parfois au tennis.

CHAPITRE 4

Activity Master 3

9. Match the remarks with the people who make them.

b. François

a. Emilie →

← **c.** Marie

← **d.** Michel

1. _____ Je préfère regarder le ski à la télévision.
2. _____ Le mont Sainte-Anne, c'est idéal pour le ski.
3. _____ Je joue du piano.
4. _____ Deux billets, s'il vous plaît. C'est combien?
5. _____ Nous faisons du vélo de montagne. C'est super cool!
6. _____ J'adore les chevaux.
7. _____ A Québec, on adore faire du patin.
8. _____ Aujourd'hui, il fait frais, non?

Post-viewing

10. Write down the sports and seasons that the man at the skating rink mentions.

_____

_____

11. List in French the activities you would show Emilie and her friends in a video.

_____

_____

Vidéoclips

Supplementary Vocabulary			
pleurer	to cry	des moyens	medium-sized (people)
renverser	to spill	des soldes	sales
les gens	people	faire un tour	to look around

Viewing

12. What three products are advertised in **Vidéoclip 1**?

_____

13. What is **Vidéoclip 2** advertising?

_____

14. Write down anything you see in **Vidéoclip 2** that you probably wouldn't see in the United States.

_____

_____

French 1 Allez, viens!, Chapter 4

CHAPITRE 4

Location: Paris

DVD Tutor, Disc 1
Videocassette 2
Start Time: 22:40
Length: 2:27
Pupil's Edition pages 136-139

The French in this Location Opener is spoken at normal speed. Students are not expected to understand every word. The activities for this section have been designed to help them understand the major points.

 Teaching Suggestions

 The *DVD Tutor* contains all video material plus a video-based activity to assess student comprehension of the material in the Location Opener. Short segments are automatically replayed to prompt students if they answer incorrectly.

Pre-viewing

- Have students locate Paris on the map on page 136 of the textbook.

- Go over the information on pages 136-139 of the *Pupil's Edition* with your students. For additional background information about Paris, see pages 136-139 of the *Annotated Teacher's Edition*.

- Before showing the video, read aloud the **Supplementary Vocabulary** on the Activity Master so that students will recognize the words when they hear them in the video.

Viewing

- Ask students to watch the video with the following questions in mind: What is the best, fastest, most economical way to visit Paris? What kind of a city is Paris? Historical, modern, artistic? Why can Paris be considered a city for everyone?

- Have students list the major attractions they see in the order in which they see them. Then have them write simple descriptions of each attraction in English. Play the video again and have students check their descriptions.

- Show the video again and have students complete Activities 1 and 2 on the Activity Master.

Post-viewing

- Have students work with a partner or in groups to compare their answers to Activities 3 and 4. Play the video again, if necessary.

- Make statements about the Location Opener and have students decide whether they are **vrai** or **faux**. For example, **L'Arc de triomphe se trouve sur l'avenue des Champs-Elysées. (vrai)**

- Have students discuss their answers to the questions they were considering as they viewed the video. Ask students to give examples that show how Paris is an important city in France's history.

Activity Master: Paris Location Opener

Supplementary Vocabulary			
du monde	*in the world*	traverser	*to cross*
un quai	*embankment*	la circulation	*traffic*
le maire	*mayor*	l'entrée (f.)	*entrance*
un moyen	*way*	le verre	*glass*
le long de	*alongside of*	un mélange	*mixture*

Viewing

1. Which of these points of interest can be seen alongside the river Seine?

   _____ le pont Alexandre III   _____ la Conciergerie

   _____ le musée d'Orsay   _____ la place Vendôme

   _____ l'Assemblée nationale   _____ les Invalides

   _____ le Sacré-Cœur   _____ la cathédrale Notre-Dame

2. Choose the correct completion for each sentence, according to the video.

   1. _____ La tour Eiffel...   **a.** comme l'Hôtel de ville.

   2. _____ On étudie, on joue de la musique...   **b.** domine la ville.

   3. _____ Certains touristes aiment visiter des monuments...   **c.** dans le parc Montsouris.

   4. _____ L'entrée du musée du Louvre est...   **d.** en bateau-mouche.

   5. _____ On peut voir Paris...   **e.** une pyramide de verre.

Post-viewing

3. Circle all possible completions for each of the following statements.

   1. People can get around Paris by . . .

      a. bus.   **b.** train.   **c.** subway.   **d.** boat.

   2. In Paris, there is a miniature of the . . .

      a. Eiffel Tower.   **b.** Statue of Liberty.   **c.** Egyptian pyramids.

   3. In the **parc Montsouris**, people . . .

      a. swim.   **b.** study.   **c.** play music.   **d.** listen to concerts.

   4. **L'obélisque de Louxor** is from . . .

      a. New York.   **b.** Paris.   **c.** Egypt.

4. A friend is planning to visit Paris this summer. What places would you recommend that your friend visit and why?

   _____

   _____

   _____

   _____

On va au café?

Functions modeled in the video:

The *DVD Tutor* provides instant access to any part of the video programs as well as the ability to repeat short segments as needed. The *DVD Tutor* also allows access to French language captions for all video segments as well as to video-based activities to assess student comprehension.

- making suggestions, excuses, and recommendations
- getting someone's attention
- ordering food and beverages
- paying the check
- expressing thanks

Video Segment	Correlation to Print Materials			Time Codes			
	Pupil's Edition	Video Guide		Videocassette 2		Videocassette 5 (captioned)	
		Activity Masters	Scripts	Start Time	Length	Start Time	Length
Mise en train	p. 142	p. 36	p. 98	25:09	3:13	41:06	3:13
Suite		p. 37	p. 98	28:25	3:50	44:27	3:50
Panorama Culturel	p. 150*	p. 36	p. 99	32:18	2:21		
Vidéoclips		p. 38	p. 100	34:41	1:15		

*The *Video Program* includes footage of the **Panorama Culturel** interviews in the *Pupil's Edition* and additional interviews.

 ## Video Synopses

Mise en train   *Qu'est-ce qu'on prend?*

Cécile suggests to Thomas and Chloé that they go to a café to have a snack. Sébastien excuses himself because he has too much work to do. Cécile, Thomas, and Chloé order food and beverages. When they ask for the check, Chloé realizes that she has lost her wallet. They don't have enough money to pay for their snacks and don't know what to do.

Qu'est-ce qu'on prend? (suite)

While Cécile, Thomas, and Chloé are trying to figure out how to pay the check, an American tourist gets their attention and asks them for directions. Cécile and Thomas help him. When the tourist learns that Cécile, Thomas, and Chloé don't have enough money, he gives them the difference. In exchange, Chloé takes a picture of the tourist and his wife.

Panorama Culturel

Students from around the francophone world tell where they go to meet friends.

Vidéoclips

1. Commercial for **Badoit®:** mineral water
2. Commercial for **Orangina®:** orange drink

Teaching Suggestions

The *DVD Tutor* contains all video material plus video-based activities to assess student comprehension of the **Mise en train, Suite,** and **Panorama Culturel.** Short video segments are automatically replayed to prompt students if they answer incorrectly.

Mise en train *Qu'est-ce qu'on prend?*

Pre-viewing
- Have students list their favorite snacks and drinks. Ask if they think any of these snacks or drinks are popular in France. Why or why not?

Viewing
- Show the video and ask students the following questions to check their comprehension of the story.
    1. What does Cécile suggest and how do the others respond?
    2. Why doesn't Sébastien join his friends at the café?
    3. What do Cécile, Thomas, and Chloé order?
    4. What problem arises when they get the check?
- Before students do Activity 1 on Activity Master 1, page 36, show the video again. Have them pay close attention to what each person orders.
- Before students do Activity 2 on Activity Master 1, play the video again.

Post-viewing
- After students have done Activity 2 on Activity Master 1, ask them some general comprehension questions in French. You might ask questions such as **Qui ne va pas au café? Qui commande une eau minérale? Qui n'a pas d'argent?**

Qu'est-ce qu'on prend? (suite)

Pre-viewing
- Before students view the video, ask them to suggest what the young people might do to pay the check. Have students brainstorm a list of solutions.

Viewing
- Show the video and ask students the following questions to check their comprehension of the story.
    1. How does Cécile, Thomas, and Chloé's problem get worse?
    2. Why does the tourist strike up a conversation with them?
    3. Does the tourist know French very well? What kind of help does he ask for?
    4. How is Cécile, Thomas, and Chloé's problem solved?
- Show the video again and have students do Activities 6 and 7 on Activity Master 2, page 37.

Post-viewing
- Have students work in small groups to summarize the events of *Qu'est-ce qu'on prend?* **(suite).** They should be able to mention the server mistaking the checks, Cécile and her friends talking to the tourist, Chloé telling the server that they don't have enough money, and the resolution of the problem. Ask for a volunteer group to summarize the events for the rest of the class.

Panorama Culturel

Pre-viewing
- Ask students where they go to meet their friends.

Viewing
- Have students make a list of the places mentioned by the interviewees where they meet their friends. Ask them to listen for places that seem to be the most common or popular.
- To do the **Panorama Culturel** activity on Activity Master 1, page 36, stop the tape after the first three interviews.

Post-viewing
- Activity 5 on Activity Master 2 asks students to list the places where the interviewees meet their friends. Have students compare their lists. Ask them how these places differ from those that American students frequent.

Vidéoclips

- Ask students what beverages they know of that would compare to the beverages advertised in each of the **Vidéoclips.** How are similar products advertised in the United States?

- You may want to point out to students that the accent in **Vidéoclip 2** is Swiss and that the action takes place in the Swiss Alps. Ask students what elements look Swiss.

- Students should be able to guess the meaning of **secouer** *(to shake)* from the context of **Vidéoclip 2.**

C'est dans la boîte!

- Show the **Mise en train** again. Using the conversation between the server and the young people as a model, have students role-play a similar situation. One student should play the role of a server and the others, the customers. Have the server write down the order. Have students change roles and repeat the activity. Afterwards, collect the order slips and ask some of the servers what their customers ordered. Students might also practice asking for the check and paying.

Nom _____ Classe _____ Date _____

Activity Master 1

Mise en train *Qu'est-ce qu'on prend?*

Supplementary Vocabulary			
Rien de spécial.	*Nothing much.*	mon porte-monnaie	*my wallet*
Si tu veux.	*If you want.*	de l'argent (m.)	*money*

Viewing

1. Who orders these items?

   a. une bouteille d'eau minérale   **c.** un croque-monsieur   **e.** une menthe à l'eau

   b. une coupe Melba   **d.** un jus d'orange

          1. Thomas   **2.** Chloé   **3.** Cécile

   food   _____   _____   _____

   drink   _____   _____   _____

Post-viewing

2. Match the photos with the statements and questions below.

      a.   **b.**   **c.**   **d.**

   1. _____ Qu'est-ce que vous prenez?   **3.** _____ On va au café?

   2. _____ Je n'ai pas d'argent!   **4.** _____ L'addition, s'il vous plaît.

Panorama Culturel

Supplementary Vocabulary			
à côté de chez nous	*next to where we live*	la piscine	*pool*
rencontrer	*to meet*	la maison	*house*

Viewing

3. Check the places where the interviewees go to meet their friends.

	au parc	chez des amis	à la maison	à la piscine	au café
Déjan					
Clémentine					
Armande					

Activity Master 2

Panorama Culturel

<table>
<tr><td colspan="4" align="center">Supplementary Vocabulary</td></tr>
<tr><td>On fait des sorties.</td><td>We go out.</td><td>des lieux</td><td>places</td></tr>
<tr><td>On se promène.</td><td>We go for walks.</td><td>entre autres</td><td>among others</td></tr>
<tr><td>en ville</td><td>in town</td><td>discuter</td><td>to talk, discuss</td></tr>
</table>

4. Match the people in the interviews with the statements they make.

1. _____ Sébastien
2. _____ Elisa
3. _____ Séverine
4. _____ Caroline
5. _____ Pauline

a. Avec mes amis, j'aime aller au cinéma ou bien faire du sport.
b. On se promène en ville.
c. Il y a beaucoup de clubs de sport ici.
d. On va chez les uns, chez les autres, ou bien dans des cafés.
e. Je rencontre mes amis dans le centre-ville, au cinéma.

Post-viewing

5. Write down any places you recognize (other than those given in Activity 3) where the people in the interviews say they like to go.

_____

_____

Qu'est-ce qu'on prend? (suite)

<table>
<tr><td colspan="4" align="center">Supplementary Vocabulary</td></tr>
<tr><td>Je reviens.</td><td>I'll be right back.</td><td>par terre</td><td>on the ground</td></tr>
<tr><td>Je me suis trompé.</td><td>I made a mistake.</td><td>il manque</td><td>we lack</td></tr>
<tr><td>T'en fais pas.</td><td>Don't worry about it.</td><td>faire la vaisselle</td><td>to do the dishes</td></tr>
</table>

Viewing

6. Choose the correct completion for each of the sentences below.

1. _____ Ça fait...
2. _____ Vous avez l'addition,...
3. _____ Il manque trois...
4. _____ On a un...
5. _____ Est-ce que vous pouvez prendre une...

a. petit problème.
b. photo de nous?
c. combien?
d. euros maintenant.
e. s'il vous plaît?

7. Circle the amounts of money you hear mentioned in the video.

3 €	11 €	8 €	6 €
10 €	87 €	1,50 €	19,50 €
16 €	18 €	3,35 €	21 €

CHAPITRE 5

 Activity Master 3

Post-viewing

8. Place a check mark next to the events that take place in the video.

1. _____ The server makes a mistake and brings the wrong check.

2. _____ The tourist asks for directions to the Eiffel Tower.

3. _____ The tourist gives Cécile, Thomas, and Chloé 3 euros.

4. _____ Chloé finds her wallet.

5. _____ The tourist takes a picture of Cécile, Thomas, and Chloé.

9. Use expressions you heard in the video to complete this conversation between a server and a customer in a café.

Serveur(-euse): Qu'est-ce que vous prenez?

Client(e): _____

Serveur(-euse): Et comme boisson?

Client(e): _____

Serveur(-euse): Parfait. C'est tout?

Client(e): _____

The server brings what the customer ordered . . .

Serveur(-euse): Voilà. Bon appétit!

The customer has finished eating . . .

Client(e): _____

Serveur(-euse): Tout de suite.

Vidéoclips

Supplementary Vocabulary			
léger(-ère)	light	mélanger	to mix
petit(e)	small	rond(e)	round

Viewing

10. What is **Vidéoclip 1** advertising?

   a. a dancing class   **b.** clothing   **c.** mineral water

11. What is **Vidéoclip 2** advertising?

   a. a beverage   **b.** a ski resort   **c.** a restaurant

12. In what country do you think **Vidéoclip 2** takes place? Support your answer with clues from the video.

_____

_____

_____

French 1 Allez, viens!, Chapter 5

6 Amusons-nous!

Functions modeled in the video:

- making plans
- extending and responding to invitations
- arranging to meet someone

DVD 1 The *DVD Tutor* provides instant access to any part of the video programs as well as the ability to repeat short segments as needed. The *DVD Tutor* also allows access to French language captions for all video segments as well as to video-based activities to assess student comprehension.

Video Segment	Correlation to Print Materials			Time Codes			
	Pupil's Edition	Video Guide		Videocassette 2		Videocassette 5 (captioned)	
		Activity Masters	Scripts	Start Time	Length	Start Time	Length
Mise en train	p. 170	p. 42	p. 100	36:14	3:08	48:20	3:08
Suite		p. 43	p. 100	39:24	4:28	51:32	4:28
Panorama Culturel	p. 178*	p. 42	p. 101	43:55	3:01		
Vidéoclips		p. 44	p. 102	46:57	1:03		

*The *Video Program* provides film footage of the **Panorama Culturel** interviews in the *Pupil's Edition* and additional interviews.

Video Synopses

Mise en train *Projets de week-end*

Isabelle accepts Mathieu's invitation to go out, but they can't agree on what to do. Each makes several suggestions that the other refuses. They finally decide to go to the movies, but then they can't agree on what film to see.

Projets de week-end (suite)

Mathieu and Isabelle decide on a film. They happen to meet Simon and invite him to join them at the movies, but he declines because he has too much homework. Next, they meet Thuy and invite her. Thuy is not interested in the film they chose and suggests another. They agree to see Thuy's choice and decide when to meet at the theater. When they meet later, they discover that Mathieu had an outdated *Pariscope®* and the film is no longer playing.

Panorama Culturel

Students from around the francophone world tell what they like to do when they go out.

Vidéoclips

1. Commercial for **Panach'®**: beverage
2. Commercial for **Folie's® chocolat liégeois:** dairy dessert

Mise en train *Projets de week-end*

Pre-viewing
- Ask students what they know about famous museums, monuments, and other tourist attractions in Paris. You might want to give them some information about these monuments and other sites mentioned in the video:

  Le Palais omnisports de Paris-Bercy is a large auditorium that features concerts and sporting events.

  Le jardin du Luxembourg, a large park on the left bank of the Seine, was planned in the seventeenth century, destroyed in 1782 and again in 1867, and has since been restored with trees, flowers, statues, and a pond.

  The art deco **palais de Chaillot,** located across the Seine from the **tour Eiffel,** was built for the International Exposition of 1939. Several museums are housed here, including the **musée de l'Homme** (an archeological collection), the **musée de la Marine,** and the **musée du Cinéma.**

  La basilique du Sacré-Cœur, an imposing, domed church built between 1876 and 1910, stands on the hill of Montmartre. Its 80-meter bell tower offers one of the best views of Paris.

  Le zoo de Vincennes, considered the best zoo in France, is located in the eastern part of Paris in a large park called the **bois de Vincennes.**

Viewing
- Show the video and ask students the following questions to check their comprehension of the story.

  1. What does Isabelle plan to do tomorrow?
  2. What does Mathieu suggest they do together?
  3. What does Isabelle suggest?
  4. What do they finally agree to do? Are they both satisfied?
  5. What problem arises at the end of the story?

- Show the video again and have students do Activity 1 on Activity Master 1, page 42.

Post-viewing
- Ask students if they ever have difficulty deciding what to do with their friends. Are they flexible about making plans? Ask if anyone has ever been in a dilemma such as the one in which Isabelle and Mathieu find themselves and how they resolved it.

Projets de week-end (suite)

Pre-viewing
- Before students view the video, ask them to predict what Isabelle and Mathieu will decide to do.

Viewing
- Show the video and ask students the following questions to check their comprehension of the story.

  1. What do Isabelle and Mathieu decide to do?
  2. Why can't Simon join them?
  3. What happens when they meet Thuy?
  4. Why isn't the movie they planned to see showing?
  5. What do Mathieu, Isabelle, and Thuy finally decide to do?

- Show the video again and have students do Activity 6 on Activity Master 2, page 43.

Post-viewing

- Tell students to imagine that they're going to spend a weekend in Paris. Have them work in small groups to decide what they will do and see. Have them write an itinerary for the weekend.

Panorama Culturel

Pre-viewing

- Ask students to write down three places they went or things they did during a recent weekend. Have them refer to their lists as they watch the interviews and note whether any of the interviewees mention the things they wrote down.

Viewing

- To do the **Panorama Culturel** activity on Activity Master 1, page 42, stop the tape after the first three interviews.

Post-viewing

- Have students work in small groups to list French vocabulary for weekend plans they might make.

- Have students write a paragraph about their weekend plans, using vocabulary from the interviews and the weekend vocabulary that they just listed.

Vidéoclips

- After showing **Vidéoclip 1,** ask students what they think the message of the advertisement is. How do the images deliver the message? What ads in the United States use this kind of psychology to sell products? Help students to see that the commercial is designed to equate the product with Paris and its timelessness.

- Before showing **Vidéoclip 2,** you might tell students that Charles Lindbergh was the first pilot to fly solo across the Atlantic Ocean. He made the historic flight in 1927 in his airplane *Spirit of Saint Louis.*

C'est dans la boîte!

- Show the **Mise en train** again. Have students use the itinerary they made for their weekend in Paris (see **Post-viewing** teaching suggestion for *Projets de week-end* **(suite)**, or have them make a new itinerary). Have students write a short paragraph in French telling what they will do during their weekend in Paris, using expressions from the video and material from *Lisons!* (*Pupil's Edition,* pages 188-189)

- Show the **Panorama Culturel** again. Have students interview one another in French about what they do when they go out. Have them take turns playing the role of the interviewer. Afterwards, ask for volunteers to tell one or two things that a classmate does when he or she goes out.

Activity Master 1

Mise en train *Projets de week-end*

Supplementary Vocabulary					
Dommage.	*What a shame.*	marrant	*fun (adj.)*	voir	*to see*
C'est la barbe.	*It's boring.*	faire un tour	*to take a ride*	avoir envie de	*to feel like*

Viewing

1. Who makes each of the following suggestions, **a) Mathieu** or **b) Isabelle**?

   1. _____ le concert de Patrick Bruel
   2. _____ le zoo
   3. _____ le palais de Chaillot
   4. _____ la tour Eiffel
   5. _____ le Sacré-Cœur
   6. _____ le cinéma

Post-Viewing

2. Match the photos with the phrases below.

a.

b.

c.

d.

   1. _____ monter dans la tour Eiffel
   2. _____ aller voir un film
   3. _____ aller au musée du Louvre
   4. _____ faire un tour en bateau-mouche

Panorama Culturel

Supplementary Vocabulary			
se balader	*to go for a walk*	la patinoire	*skating rink*
faire les boutiques	*to go shopping*	les disques	*records, CDs*

Viewing

3. What interests do the following people have? Check the appropriate boxes.

Julie					
Arnaud					
Céline					

Activity Master 2

Panorama Culturel

Supplementary Vocabulary			
On s'éclate.	*We have a blast.*	Je ne m'éloigne pas trop.	*I don't go too far away.*
On bavarde.	*We chat.*	le quartier	*neighborhood*
aux alentours	*in the surroundings*	entre copains	*between friends*

4. Check these activities each time someone mentions them.

    1. _____ faire du sport

    2. _____ aller au café ou au restaurant

    3. _____ aller au cinéma

    4. _____ aller chez des copains

Post-viewing

5. List any other activities the interviewees mention.

_____

_____

Projets de week-end (suite)

Supplementary Vocabulary			
le boulot	*work*	bête	*stupid*
pas de chance	*too bad*	la semaine dernière	*last week*
Ça marche pour moi.	*That's fine with me.*	le week-end prochain	*next weekend*

Viewing

6. Choose the word that best completes each sentence, according to the video.

action   aller   match   va

avoir   fais   film   inviter

    1. Voilà Simon. On pourrait l'_____ aussi.

    2. Tu peux faire ton devoir de maths après le _____ .

    3. Qu'est-ce que tu _____ dimanche?

    4. J'aime mieux les films d'_____ .

    5. A quelle heure est-ce que tu peux y _____ ?

Activity Master 3

Post-viewing

7. Vrai ou faux?

	Vrai	Faux
1. Simon a beaucoup de devoirs.	_____	_____
2. Thuy adore les films américains.	_____	_____
3. *Jurassic Park*® passe au Cinéma Hautefeuille.	_____	_____
4. Mathieu a le bon *Pariscope*.	_____	_____
5. Les trois amis vont aller au cinéma le week-end prochain.	_____	_____

8. Choose what you would say in each of these situations.

   How would you . . .

   1. _____ ask your friend what you're going to do together?
   2. _____ say that you'd really like to do something?
   3. _____ confirm when you'll meet someone?
   4. _____ say that you can't do something?

   a.  Alors, qu'est-ce qu'on va faire?

   b.  Désolé, je ne peux pas.

   c.  Rendez-vous à quatre heures et quart.

   d.  Ah oui! Je veux bien!

Vidéoclips

Supplementary Vocabulary			
il n'y a pas de...	there isn't (aren't) any . . .	repartir	to leave again
la première traversée atlantique	first transatlantic crossing	raisonnable	reasonable

9. What is being advertised in **Vidéoclip 1**?

   a. a sports car   **b.** a beverage   **c.** dance lessons

10. What time period is represented in **Vidéoclip 2**? Write down any clues that you see.

_____

_____

_____

CHAPITRE 6

7 La famille

Functions modeled in the video:

The *DVD Tutor* provides instant access to any part of the video programs as well as the ability to repeat short segments as needed. The *DVD Tutor* also allows access to French language captions for all video segments as well as to video-based activities to assess student comprehension.

- identifying people
- introducing people
- describing and characterizing people
- asking for and giving permission

Video Segment	Correlation to Print Materials			Time Codes			
	Pupil's Edition	Video Guide		Videocassette 3		Videocassette 5 (captioned)	
		Activity Masters	Scripts	Start Time	Length	Start Time	Length
Mise en train	p. 200	p. 48	p. 102	1:14	3:54	56:02	3:54
Suite		p. 49	p. 103	5:11	4:08	1:00:00	4:08
Panorama Culturel	p. 212*	p. 48	p. 104	9:21	2:38		
Vidéoclips		p. 50	p. 104	12:00	1:07		

*The *Video Program* includes footage of the **Panorama Culturel** interviews in the *Pupil's Edition* and additional interviews.

 ## Video Synopses

Mise en train   *Sympa, la famille!*

Thuy arrives at Isabelle's house for a visit. Isabelle introduces Thuy to her father. Thuy notices Isabelle's family photo album, so Isabelle shows her the photos and describes her family members. When Thuy asks about her brother Alexandre, Isabelle says he can be difficult.

Sympa, la famille! (suite)

Alexandre interrupts Isabelle and Thuy to ask where one of his CDs is. Isabelle scolds him for not knocking on her door or saying hello, and then introduces him to Thuy. Thuy agrees with Isabelle that Alexandre can be difficult. Aunt Véronique arrives and Isabelle introduces her to Thuy. She has brought a kitten as a present for Isabelle and Alexandre.

Panorama Culturel

Students from around the francophone world tell about their pets.

Vidéoclips

1. Commercial for **César**®: dog food

2. Commercial for **Jockey**®: yogurt

The *DVD Tutor* contains all video material plus a video-based activity to assess student comprehension of the material in the Location Opener. Short segments are automatically replayed to prompt students if they answer incorrectly.

Mise en train *Sympa, la famille!*

Pre-viewing
- Ask students if they have a photo album. If so, what kinds of pictures are in it? Have students listen for words that identify family members (**mon frère, ma tante**, and so on).

Viewing
- Show the video and ask students the following questions to check their comprehension of the story.

  1. Who are the people in Isabelle's photo album?
  2. What do you know about their interests?
  3. How does Isabelle describe different members of her family?
  4. Does Thuy have any brothers or sisters? What does Isabelle think about that?

- Show the video again and have students do the **Viewing** activities on Activity Master 1, page 48.

Post-viewing
- Ask students to recall any words they understood for family members or family relationships. You might write any words they recall on the board. Ask students to listen for these words as you show the video again.

Sympa, la famille! (suite)

Pre-viewing
- Ask students to discuss the advantages and disadvantages of having siblings.

Viewing
- Show the video and ask students the following questions to check their comprehension of the story.

  1. What does Alexandre do that annoys Isabelle?
  2. Who else gets annoyed, and why?
  3. Who is Milou? What does he do?
  4. What gift does Aunt Véronique bring?
  5. What do Isabelle, Alexandre, and their father think about Aunt Véronique's gift?

- Show the video again and have students do the **Viewing** activity on Activity Master 2, page 49.

Post-viewing
- Have students recall the problems the family members had.

- Have students correct the false statements in Activity 9 on Activity Master 3, page 50.

Panorama Culturel

Pre-viewing

- Ask students to describe their own pets in English. They might mention names, ages, and physical and personality traits. If they don't have a pet, they could describe an imaginary one. Tell students to listen for this kind of information in the interviews.

Viewing

- Have students listen for the expressions used to give pets' names (**Il s'appelle...**), ages (**Il a trois ans...**), physical descriptions (**Il est blanc et noir...**), and personality traits or habits (**Il aime...**).

- To do the **Panorama Culturel** activity on Activity Master 1, page 48, stop the tape after the first three interviews.

Post-viewing

- Have students describe their pet in French. If they don't have one, they could describe a friend's pet, an imaginary pet, or a pet in the comics or on TV.

Vidéoclips

- Play each **Vidéoclip** with the sound off and ask students if they can tell what's happening or guess what the dialogue might be.

- Play **Vidéoclip 2** again with sound and ask students to pay attention to the lyrics of the song. Then ask them how the boy describes his mother.

C'est dans la boîte!

- Ask students to recall any expressions they can remember from the video that Isabelle used to describe family members (**C'est ma cousine Patricia. Elle est très intelligente.**) or family relationships. (**C'est mon oncle et ma tante. Le frère de ma mère et sa femme.**) Write some of these expressions on the board. Then ask students to write as many sentences as they can to describe relationships in their family or an imaginary family.

- Show the **Mise en train** again. Then have students describe a family member. They might refer to an imaginary photo or choose a photo in their textbook and say two or three things about the person.

CHAPITRE 7

Activity Master 1

Mise en train *Sympa, la famille!*

CHAPITRE 7

Supplementary Vocabulary			
heureux(-euse)	*happy*	châtain	*light brown (hair)*
du côté de mon père	*on my father's side*	une fille unique	*only child (girl)*

Viewing

1. In what order does Isabelle show the photos of the people listed below?

   _____ ses parents   _____ sa tante Véronique   _____ sa cousine Julie

   _____ son frère Alexandre   _____ sa cousine Patricia   _____ ses grands-parents

   _____ son cousin Loïc   _____ son oncle et sa tante

2. Match Isabelle's statements with the people they describe.

   1. _____ Il est parfois pénible.   **a.** Loïc
   2. _____ Elle est très intelligente.   **b.** Patricia
   3. _____ Il a dix-huit ans.   **c.** Julie
   4. _____ Elle adore les animaux.   **d.** Alexandre
   5. _____ Elle a huit ans. Elle est adorable.   **e.** Véronique

Post-viewing

3. Match the photos with Isabelle's descriptions.

   a.   **b.**   **c.**   **d.**   **e.**

   1. _____ C'est moi!   4. _____ C'est ma tante Véronique.
   2. _____ C'est mon frère Alexandre.   5. _____ Ce sont mes grands-parents.
   3. _____ Ce sont mes parents.

Panorama Culturel

Supplementary Vocabulary			
un berger allemand	*German shepherd*	errant	*stray*
seulement	*only*	au garrot	*at the withers*

Viewing

4. Circle the correct choices to complete these sentences.

   1. Olivier a un **chien / chat**. Il s'appelle Chopine. Il **aime / n'aime pas** manger.

   2. Onélia a un **chien / chat**. Il s'appelle Fabécar. Il a **deux / trois** ans.

   3. Marie-Emmanuelle a un **chien / cheval**. Il est **petit / grand**. Il est **brun / blanc**.

Activity Master 2

Panorama Culturel

Supplementary Vocabulary			
un perroquet	*parrot*	un chat siamois	*Siamese cat*
un poisson rouge	*goldfish*	jaloux	*jealous*
une tortue	*tortoise*	des poils longs	*long hair (animal)*
un chiot	*puppy*	brun foncé	*dark brown*

5. What pets do the interviewees have?

	un chien	un chat	un cheval	un poisson
Olivier				
Onélia				
Marie-Emmanuelle				
Bosco				
Céline				
Antoine				
Emmanuel				
Yvette				
Isabelle				
Céline				
Matthieu				
Marie-Laure				
Virginie				

Post-viewing

6. Can you remember any of the names of the interviewees' pets? Write down the ones you recall.

_____

_____

Sympa, la famille! (suite)

Supplementary Vocabulary			
frapper	*to knock*	la tatie	*auntie*
une chaîne stéréo	*stereo (system)*	un chaton	*kitten*
renverser	*to knock over*	reprendre	*to take back*
Qui l'a fait?	*Who did it?*	Donne-le-moi.	*Give him to me.*

Viewing

7. Number the remarks below in the order in which you hear them.

a. _____ C'est ma sœur Véronique.

b. _____ Alors, où est mon CD?

c. _____ Thuy, je te présente mon frère, Alexandre.

d. _____ Il est vraiment adorable.

e. _____ Eh bien, tu as raison, il est spécial, ton frère!

CHAPITRE 7

Activity Master 3

Post-viewing

8. Choisis les mots qui complètent les phrases suivantes d'après la vidéo.

le CD   un chaton   détestent   adorent   le livre   la fille   la sœur   la plante

1. _____ d'Alexandre est dans la chaîne stéréo.

2. Milou a renversé _____ .

3. Véronique est _____ du père d'Isabelle.

4. Véronique donne _____ à Isabelle et Alexandre.

5. Isabelle et Alexandre _____ le chaton.

9. Vrai ou faux?   **Vrai**   **Faux**

1. Véronique est la tante d'Isabelle.   _____   _____

2. Alexandre joue du saxophone.   _____   _____

3. Le chaton s'appelle Milou.   _____   _____

4. Musica est le chat de Véronique.   _____   _____

Vidéoclips

Supplementary Vocabulary			
ressentir	to feel	un repas	meal
partager	to share	plus belle du monde	most beautiful in the world
véritable	real	le visage d'un ange	face of an angel

10. What do you think the message is in **Vidéoclip 1?** Can you think of a similar commercial on television in the United States?

_____

_____

_____

11. Who are the people in **Vidéoclip 2?** How do you know? _____

_____

_____

_____

Location: Abidjan

DVD Tutor, Disc 2
Videocassette 3
Start Time: 13:37
Length: 2:15
Pupil's Edition pages 226-229

The French in this Location Opener is spoken at normal speed. Students are not expected to understand every word. The activities for this section have been designed to help them understand the major points.

Teaching Suggestions

The *DVD Tutor* contains all video material plus a video-based activity to assess student comprehension of the material in the Location Opener. Short segments are automatically replayed to prompt students if they answer incorrectly.

Pre-viewing

- Have students locate Abidjan on the map on page 226 of the *Pupil's Edition*. Have them locate the capital of Côte d'Ivoire. You might want to tell students that although the capital of Côte d'Ivoire was changed in 1983 from Abidjan to Yamoussoukro, the hometown of former President Houphouët-Boigny, many still consider Abidjan to be the economic capital. You may also want to mention that Côte d'Ivoire gained its independence from France in 1960.

- Go through the information on pages 226–229 of the *Pupil's Edition* with the students. For additional background information about Abidjan, see pages 226–229 of the *Annotated Teacher's Edition.*

- Before showing the video, read aloud the **Supplementary Vocabulary** on the Activity Master so that students will recognize the words when they hear them in the video. Have students practice the pronunciation of the words.

Viewing

- Ask students to watch the video with the following question in mind: Why is Abidjan sometimes called the "Paris of West Africa?" Have students jot down their first impressions in English.

- Show the video again and have students complete the **Viewing** activities on the Activity Master.

Post-viewing

- Have students work with a partner or in groups to compare their answers to Activities 1 and 2 on the Activity Master. Play the video again, if necessary.

- Have students prepare three true-false statements about the Location Opener. Then call on students to read their statements aloud while others decide if the statements are **vrai** or **faux**.

- Ask students to discuss why Abidjan is known as the "Paris of West Africa." With its many restaurants and nightclubs, Abidjan is very cosmopolitan. It became the major commercial center in West Africa before Côte d'Ivoire achieved its independence from France.

Activity Master: Abidjan Location Opener

Supplementary Vocabulary			
animé(e)	*lively*	le bois	*wood*
un gratte-ciel	*skyscraper*	précieux(-euse)	*precious*
un marché	*market*	le cœur	*heart*
un bruit	*noise*	ivoirien(ne)	*Ivorian*
un batik	*traditional cloth*	un son	*sound*
au bord de	*on the shore of*	un arôme	*aroma*
une lagune	*lagoon*	a gardé	*has kept*

Viewing

1. Indicate the items that represent modern Abidjan **(M)** and those that represent traditional Abidjan **(T)**.

   _____ des batiks   _____ la cathédrale Saint-Paul

   _____ le Plateau   _____ un cinéma

   _____ un marché   _____ le quartier de Treichville

   _____ un gratte-ciel   _____ le port d'Adjamé

2. Match these sites with their descriptions.

   1. _____ la cathédrale Saint-Paul   **a.** the heart of Abidjan

   2. _____ le Plateau   **b.** the financial center

   3. _____ le quartier de Treichville   **c.** a modern structure

Post-viewing

3. Choisis les mots qui complètent les phrases suivantes d'après la vidéo.

   au bord   batiks   bois   contrastes   arômes

   gratte-ciel   marchés   sons

   1. La tradition africaine se retrouve dans la couleur des _____.

   2. La Côte d'Ivoire est un grand producteur de _____ précieux.

   3. Dans le quartier de Treichville, il y a un mélange de _____ et d' _____.

   4. Dans le quartier du Plateau, on peut voir beaucoup de _____.

   5. Abidjan est construite _____ d'une lagune.

4. How are **le Plateau** and **le quartier de Treichville** good examples of the mixture of modern and traditional found in Abidjan? What other examples did you see in the video?

   _____

   _____

   _____

Au marché

Functions modeled in the video:

- expressing needs
- making and accepting requests
- offering, accepting, and refusing food

 The *DVD Tutor* provides instant access to any part of the video programs as well as the ability to repeat short segments as needed. The *DVD Tutor* also allows access to French language captions for all video segments as well as to video-based activities to assess student comprehension.

Video Segment	Correlation to Print Materials			Time Codes			
	Pupil's Edition	Video Guide		Videocassette 3		Videocassette 5 (captioned)	
		Activity Masters	Scripts	Start Time	Length	Start Time	Length
Mise en train	p. 232	p. 56	p. 105	15:56	4:22	1:04:12	4:22
Suite		p. 58	p. 105	20:20	3:51	1:08:39	3:54
Panorama Culturel	p. 239*	p. 56	p. 106	24:13	2:36		
Vidéoclips		p. 58	p. 106	26:51	1:07		

*The *Video Program* includes footage of the **Panorama Culturel** interviews in the *Pupil's Edition* and additional interviews.

 Video Synopses

Mise en train *Une invitée pour le déjeuner*

Mme Diomandé asks her daughter to go shopping at the market. She tells Djeneba what she needs to make lunch, and how much. At the market, Djeneba buys fish, tomatoes, rice, and other things her mother needs. When she returns home, her mother prepares lunch. Djeneba realizes that she forgot to tell her mother about the guest she invited for lunch when she hears someone knock at the door.

Une invitée pour le déjeuner (suite)

Djeneba's English teacher, Miss Riggs, arrives and Djeneba introduces her to her family. Djeneba recounts their meeting earlier at the market. Djeneba's mother explains to Miss Riggs how **sauce arachide** is made, and then they sit down to a traditional Ivorian lunch.

Panorama Culturel

People from around the francophone world tell where they prefer to shop.

Vidéoclips

1. Commercial for **Andros®**: fruit compote
2. Commercial for **Garbit®**: paëlla (a popular Spanish dish made with rice and seafood)

The *DVD Tutor* contains all video material plus video-based activities to assess student comprehension of the **Mise en train, Suite,** and **Panorama Culturel.** Short video segments are automatically replayed to prompt students if they answer incorrectly.

Mise en train *Une invitée pour le déjeuner*

Pre-viewing
- Have students prepare a grocery list for the week in English. You might write categories on the board, such as meat and fish, dairy, fruits and vegetables, baked goods, and staples.

Viewing
- Show the video and ask students the following questions to check their comprehension of the story.
    1. What is Mme Diomandé going to make for lunch?
    2. What does Djeneba buy at the market? What does she forget?
    3. What do you think Djeneba forgot to tell her mother?
- Show the video again and have students do the **Viewing** activity on Activity Master 1, page 56.

Post-viewing
- Have students recall the items Djeneba bought at the market. Ask them if they know of other dishes with these ingredients. How do they think **sauce arachide** might taste?

Une invitée pour le déjeuner (suite)

Pre-viewing
- Ask students to imagine they're going to invite an Ivorian teenager to their home for dinner. What might they serve?
- You might want to tell students that although French is the official language of Côte d'Ivoire, more than sixty indigenous languages are spoken, such as Djoula, which is widely used. When Djeneba introduces Miss Riggs to her mother, Miss Riggs uses Djoula to greet her. (**í ká kɛnɛ wá** *How are you?*)

Viewing
- Show the video and ask students the following questions to check their comprehension of the story.
    1. Who is Miss Riggs?
    2. What does Miss Riggs ask Djeneba at the market?
    3. What does Djeneba recall?
    4. What does Djeneba's mother explain to Miss Riggs?
- Show the video again and have students do Activity 6 on Activity Master 3, page 58.

Post-viewing
- Have students complete Activities 7 and 8 on Activity Master 3, page 58.
- Have students make a list of ingredients for a dish. Students should name the ingredients one by one. Their partners should try to guess what the dish is after each ingredient is named.

Panorama Culturel

Pre-viewing

- Ask students if they ever shop for their families or go shopping with their parents. Where do they like to go shopping? Why?

Viewing

- To do the **Panorama Culturel** activity on Activity Master 1, page 56, stop the tape after the first three interviews.

Post-viewing

- Have students discuss the advantages and disadvantages of using shopping services. You might replay Micheline's interview in which she cites personal contact as an advantage of shopping in an open-air market.

- Ask students what some of the differences might be between grocery stores in France and those in the United States. You might tell them that they should not expect to find 24-hour convenience stores and supermarkets and that **épiceries** also have limited hours of business in francophone countries. Outdoor markets are much more common in France than in the United States; most small towns have a weekly market.

- Ask students what the advantages are of shopping in supermarkets as opposed to small grocery stores or markets. Has anyone ever been to a farmer's market? What are the advantages or disadvantages of buying food that is produced locally?

- Have students do Activity 5 on Activity Master 2, page 57. Then ask if they agree or disagree with the interviewees quoted in the activity.

Vidéoclips

- For **Vidéoclip 1**, ask students what kind of people the commercial is trying to reach and what the message is. You may wish to point out that the variety of outdoor activities people are doing and the repetition of the phrase **fort de fruits** make a connection between good health and eating fruit. Have students tally the number of times they hear the phrase.

- Ask students if **Vidéoclip 2** reminds them of commercials for prepared foods in the United States. Ask students to guess what country **paëlla** is from.

C'est dans la boîte!

- Show the beginning of the **Mise en train** again. Have students listen for expressions used to offer, accept, and refuse food. You may wish to list these expressions on the board: **Encore du... ? Non, merci, je n'ai plus faim. Tu prends... ? Oui, s'il te plaît.** Then have students work in small groups to role-play a meal. You may want to bring empty food packages or other objects for them to use as props.

Activity Master 1

Mise en train *Une invitée pour le déjeuner*

Viewing

1. Match each statement or question with the speaker's purpose.

   1. _____ Encore du pain, Aminata?

   2. _____ Non, merci. Je n'ai plus faim.

   3. _____ Tu me fais le marché?

   4. _____ Il me faut du riz, des légumes, du poisson.

   a. to express need
   b. to refuse food
   c. to offer food
   d. to make a request

Post-viewing

2. Circle the letters of the items mentioned in the video.

a.   b.   c.   d.   e.   f.

Panorama Culturel

Viewing

3. Based on the interviews, which person would most likely make the following statements?

a. Louise   b. Angèle   c. Micheline

1. _____ L'ambiance est meilleure au marché.

2. _____ Au supermarché, les produits sont bien conservés.

3. _____ C'est un plaisir de se promener dans le marché.

French 1 Allez, viens!, Chapter 8

Activity Master 2

Panorama Culturel

Supplementary Vocabulary			
plus facile	_easier_	par rapport à	_compared to_
au même endroit	_at the same place_	frais	_fresh_
plus détaillé	_more choice_	une chaleur	_warmth_

4. Where do these people prefer to shop?

	Au marché	Au supermarché
1. Louise	_____	_____
2. Angèle	_____	_____
3. Micheline	_____	_____
4. Jocelyne	_____	_____
5. Armande	_____	_____
6. Joël	_____	_____
7. Lucie	_____	_____
8. Elodie	_____	_____
9. Danielle	_____	_____
10. Sylviane	_____	_____

Post-viewing

5. Read this list of reasons the interviewees gave for their preferences and tell whether each refers to **a) le marché** or **b) le supermarché.**

   1. _____ On y trouve beaucoup plus de choses.

   2. _____ Il y a le contact personnel.

   3. _____ On peut payer avec une carte de crédit.

   4. _____ C'est dehors.

   5. _____ C'est plus facile. Tout est concentré dans un seul endroit.

   6. _____ Il y a une ambiance, il y a une chaleur.

Activity Master 3

Une invitée pour le déjeuner (suite)

Supplementary Vocabulary			
í ká kéne wá?	*How are you? (Djoula)*	ajouter	*to add*
a ká nyí kósobe	*Very good! (Djoula)*	tellement surprise	*really surprised*
chercher	*to look for*	Ça ne vaut pas la peine.	*It's not worth the trouble.*

Viewing

6. Check the ingredients that Mme Diomandé says she puts in her **sauce arachide**.

_____ du beurre   _____ du piment   _____ du jus de citron

_____ du chou   _____ des oignons   _____ des tomates

_____ du lait   _____ de la pâte de tomates   _____ de la pâte d'arachide

Post-viewing

7. Vrai ou faux?

	Vrai	Faux
1. Alidou parle anglais avec Miss Riggs.	_____	_____
2. Miss Riggs veut faire de la sauce arachide.	_____	_____
3. Miss Riggs achète de la pâte d'arachide.	_____	_____
4. Djeneba fait la cuisine.	_____	_____
5. La sauce arachide prend une heure et demie à préparer.	_____	_____

8. Based on the video, what differences did you notice between Côte d'Ivoire and the United States in the ways people shop and the meals they eat?

_____

_____

Vidéoclips

9. What is being advertised in **Vidéoclip 1?**

   a. a sports club

   b. fruit compote

   c. bicycles

10. What is being advertised in **Vidéoclip 2?**

   a. a trip to Spain

   b. home decorating

   c. food

Location: Arles

DVD Tutor, Disc 2
Videocassette 3
Start Time: 28:27
Length: 2:47
Pupil's Edition pages 260-263

The French in this Location Opener is spoken at normal speed. Students are not expected to understand every word. The activities for this section have been designed to help them understand the major points.

 Teaching Suggestions

> The *DVD Tutor* contains all video material plus a video-based activity to assess student comprehension of the material in the Location Opener. Short segments are automatically replayed to prompt students if they answer incorrectly.

Pre-viewing

- Have students locate Arles on the map on page 260 of the *Pupil's Edition*. Ask them if they know on which river Arles is located **(le Rhône)**. You might tell students that Vincent Van Gogh lived in Arles between 1888 and 1890. During this period he produced some of his most famous works, including *Starry Night*.

- Go over the information on pages 260-263 of the *Pupil's Edition* with the students. For additional background information about Arles, see pages 260-263 of the *Annotated Teacher's Edition*.

- Before showing the video, read aloud the **Supplementary Vocabulary** on page 60 so that students will recognize the words when they hear them in the video.

Viewing

- Ask students to watch the video with the following questions in mind: How have other civilizations influenced Arles? How does Arles look different from their town?

- Show the video again and have students complete the **Viewing** activities on the Activity Master.

Post-viewing

- Have students work with a partner or in groups to compare their answers on the Activity Master. Play the video again, if necessary.

- Point out to students that in Provence, people say **en Arles.** This is an exception to the rule that cities take the preposition **à.**

- Make true-false statements in French about the Location Opener and have students tell whether they are **vrai** or **faux.** For example, **Arles est connu pour ses nombreux festivals (vrai).** You may want to write the statements on a transparency or on the board.

- Have students discuss what they would want to do or see if they were visiting Arles.

- Have students work with a partner and choose one of the sights pictured in the Location Opener. They should find out what the historical or cultural significance of their choice is and prepare a brief presentation for the rest of the class.

Activity Master: Arles Location Opener

Supplementary Vocabulary

les arènes	*arena*	un flamant rose	*pink flamingo*
païen(ne)	*pagan*	sauvage	*wild*
une peinture	*painting*	un mirliton	*kazoo*
aux limites de	*on the outskirts of*	un(e) Arlésien(ne)	*person from Arles*

Viewing

1. Number the items below in the order in which you see or hear them in the video. The first one is done for you to help you get started.

   1 les Français   _____ les arènes

   _____ l'obélisque   _____ les Baux-de-Provence

   _____ la sardane   _____ la Camargue

   _____ Van Gogh   _____ des flamants roses

   _____ le théâtre antique   _____ l'ancien château

2. Circle the word that completes the sentence according to the video.

   1. Arles est connue pour ses ruines **françaises / romaines.**

   2. L'obélisque de granit mesure **25 / 15** mètres.

   3. **La Camargue / La sardane** est une réserve naturelle.

   4. Pendant les festivals, les Arlésiens dansent **la sardane / le ballet.**

   5. **Picasso / Van Gogh** est un artiste qui a habité en Arles.

Post-viewing

3. Complete these sentences by choosing the appropriate endings.

   1. _____ Les Baux-de-Provence, c'est...   **a.** un village médiéval.

   2. _____ Le théâtre antique est...   **b.** des chevaux sauvages.

   3. _____ La Camargue a...   **c.** une ville dans le sud de la France.

   4. _____ Arles est...   **d.** une ruine romaine.

4. Compare and contrast Arles with Paris and Poitiers. How are the cities similar? How are they different? You may want to use your textbook to help you make your comparisons.

   _____

   _____

   _____

   _____

   _____

French 1 Allez, viens! Location Opener 5

CHAPITRE 9 Au téléphone

Functions modeled in the video:

- asking for and expressing opinions
- inquiring about and relating past events
- making and answering telephone calls
- sharing a confidence and giving advice

The *DVD Tutor* provides instant access to any part of the video programs as well as the ability to repeat short segments as needed. The *DVD Tutor* also allows access to French language captions for all video segments as well as to video-based activities to assess student comprehension.

Video Segment	Correlation to Print Materials			Time Codes			
	Pupil's Edition	Video Guide		Videocassette 3		Videocassette 5 (captioned)	
		Activity Masters	Scripts	Start Time	Length	Start Time	Length
Mise en train	p. 266	p. 64	p. 107	31:16	3:42	1:12:35	3:40
Suite		p. 65	p. 107	34:58	3:58	1:16:20	3:58
Panorama Culturel	p. 278*	p. 64	p. 108	38:59	2:48		
Vidéoclips		p. 66	p. 109	41:49	1:07		

*The *Video Program* includes footage of the **Panorama Culturel** interviews in the *Pupil's Edition* and additional interviews.

 Video Synopses

Mise en train *Un week-end spécial*

Magali telephones Hélène to talk about their weekends. Hélène did homework, watched TV, and read. Magali tells Hélène that Florent introduced her to a cute boy named Ahmed. She tells Hélène what they did during the weekend. Just as Magali is about to tell something particularly interesting, her father needs to use the telephone. Hélène is left wondering what happened.

Un week-end spécial (suite)

When Magali calls Hélène back, she tells what she, Florent, and Ahmed did at les Baux-de-Provence. While they were in a souvenir shop, Magali noticed a **santon** that she liked. Later, she received a package from Ahmed — the **santon!** Ahmed asked if Magali would be going to a friend's upcoming party. Hélène advises her to call Ahmed to thank him for the gift. Ahmed isn't home when Magali calls, so she leaves a message.

Panorama Culturel

Students from around the francophone world talk about their telephone habits.

Vidéoclips

1. Commercial for **Groupe Azur®:** insurance
2. Commercial for **Petits Cœurs®:** cookies

Teaching Suggestions

DVD2 The *DVD Tutor* contains all video material plus video-based activities to assess student comprehension of the **Mise en train, Suite,** and **Panorama Culturel.** Short video segments are automatically replayed to prompt students if they answer incorrectly.

Mise en train *Un week-end spécial*

Pre-viewing
- Ask students if they ever make weekend trips or day trips to tourist attractions or other sites in their area. What is there to see and do?
- You might tell students that les Baux-de-Provence derives its name from the bauxite found in the area. Its ruins date from the Middle Ages, when it was an important city in Provence.

Viewing
- Show the video and ask students the following questions to check their comprehension of the story.

  1. What did Hélène do over the weekend?
  2. Where did Magali go on Saturday? What did she do later?
  3. Why can't Magali finish her story?

- Show the video again and have students do Activity 1 on Activity Master 1, page 64.

Post-viewing
- You might point out to students that Magali and Ahmed are **maghrébins,** descendents of people from the **Maghreb,** the area of North Africa that includes the former French colony of Algeria and the former protectorates of Morocco and Tunisia. A large number of people of North African ancestry reside in southern French cities such as Arles, Aix-en-Provence, and Marseilles. **Maghrébins** are the single largest minority group in France.
- You might also point out that Florent, Magali, and Ahmed visit **le théâtre antique,** a Roman amphitheater constructed in the first century B.C. that is still used for festivals and plays.

Un week-end spécial (suite)

Pre-viewing
- Ask students to recall where Florent, Magali, and Ahmed went and what they did at les Baux-de-Provence. Ask them if they think it's a popular tourist attraction and why. Provence is known for its sun, beautiful countryside, and Roman artifacts and ruins.
- Ask students to imagine what Magali's **histoire incroyable** might be.

Viewing
- Show the video and ask students the following questions to check their comprehension of the story.

  1. What did Florent, Magali, and Ahmed do at les Baux-de-Provence?
  2. What happened at the souvenir shop?
  3. What did Magali receive from Ahmed? What does his note say?
  4. What does Hélène advise Magali to do?

- Show the video again and have students do the **Viewing** activity on Activity Master 2, page 65.

Post-viewing
- You may want to tell students that **santons** are painted figurines made in Provence and used in Nativity scenes at Christmas. They are very popular as souvenirs of Provence.

Panorama Culturel

Pre-viewing

- Ask students how much time they spend on the telephone. Do they spend more time talking with their friends on the phone or in person? Do their parents limit the amount of time they may spend on the telephone?

Viewing

- To do the **Panorama Culturel** activity on Activity Master 1, stop the tape after the first three interviews.

Post-viewing

- Ask students how they would compare the interviewees' use of the telephone to their own. Do they think francophone teenagers' attitudes about talking on the telephone are similar to or different from their own?

Vidéoclips

- In **Vidéoclip 1**, the robbery and the slogan (**Il y aura toujours quelqu'un au 37.28.82.82. Même la nuit.**) are meant to emphasize the insurance company's availability and readiness to help people. Ask students if they think this is an effective advertising method. Can they think of a similar commercial in the United States?

- Ask students how the ad in **Vidéoclip 2** is trying to sell the product. (The man refers to himself and the product as sweet, tender, and so on.)

C'est dans la boîte!

- Show the **Mise en train** again and have students pay close attention to what Hélène and Magali say they did. Then write four past participles on the board, such as **allé(e), fait, vu, parlé**. Have students work in pairs to write a telephone conversation in which each person must use each of the past participles at least once.

- Have students create a phone conversation between Magali and Hélène in which Magali tells an entirely different **histoire incroyable**.

- Show the conversation Magali has with Ahmed's mother again. Instruct students to use the conversation as a model to act out a phone conversation in which they ask for someone, leave a message, and say goodbye. You may want to list some telephone expressions on the board.

Activity Master 1

Mise en train *Un week-end spécial*

Supplementary Vocabulary			
raconter	*to tell*	Tu as revu Ahmed?	*Did you see Ahmed again?*
Vous venez?	*Are you coming?*	Attends une seconde.	*Wait a second.*
la vue	*view*	incroyable	*unbelievable*

Viewing

1. Match the photos with what Hélène and Magali say they did over the weekend.

a.

b.

c.

d.

1. _____ J'ai fait mes devoirs.
2. _____ J'ai lu un peu.
3. _____ Florent m'a présenté un garçon très sympa.
4. _____ Dimanche, nous sommes allés aux Baux-de-Provence.

Post-viewing

2. Vrai ou Faux?

	Vrai	Faux
1. Ahmed a quinze ans.	_____	_____
2. Le cours préféré d'Ahmed est l'histoire-géo.	_____	_____
3. Ahmed a les yeux marron et les cheveux noirs.	_____	_____
4. Ahmed adore le sport.	_____	_____

Panorama Culturel

Supplementary Vocabulary			
rouspéter	*to grumble*	moins longtemps	*not as long, less time*
éviter	*to avoid*	prendre des nouvelles	*to get news*

Viewing

3. Match each statement with the most likely speaker.

    a. Nicole   **b.** Virgile   **c.** Marie

1. _____ Je peux discuter et prendre des nouvelles.
2. _____ Ça dépend à qui je téléphone. J'aime parler à mes copines, mes copains.
3. _____ C'est pratique, le téléphone.
4. _____ Je reste longtemps au téléphone.
5. _____ Je téléphone à peu près une heure de temps.
6. _____ Téléphoner aux gens que je connais pas, j'aime pas trop.

Activity Master 2

Panorama Culturel

4. How often do these people talk on the telephone? Check the appropriate column.

Supplementary Vocabulary	
plutôt	*rather*
Ça évite de se déplacer.	*You don't have to go anywhere.*
Ça déborde largement.	*You get carried away.*

	rarement	souvent
1. Nicole	_____	_____
2. Virgile	_____	_____
3. Marie	_____	_____
4. Marie-Emmanuelle	_____	_____
5. Karina	_____	_____
6. Marieke	_____	_____
7. Léna	_____	_____
8. Elodie	_____	_____
9. Armande	_____	_____
10. Arnaud	_____	_____
11. Onélia	_____	_____

Post-viewing

5. How much time do your friends spend on the telephone each week? Interview three classmates and place a check mark in the appropriate column.

mon copain/ ma copine	moins d'une heure	une heure à deux heures	deux heures à quatre heures	plus de quatre heures
1. _____	_____	_____	_____	_____
2. _____	_____	_____	_____	_____
3. _____	_____	_____	_____	_____

Un week-end spécial (suite)

Supplementary Vocabulary			
le car	*bus*	en descendant	*on the way down*
en haut	*to the top*	un petit mot	*a note*

Viewing

6. Number the events in the order in which they occur in the video.

1. _____ Magali, Florent et Ahmed ont acheté des cartes postales.
2. _____ Magali a laissé un message chez Ahmed.
3. _____ Magali, Florent et Ahmed sont arrivés aux Baux.
4. _____ Magali, Florent et Ahmed sont rentrés en Arles.
5. _____ Magali a reçu un paquet d'Ahmed.

Activity Master 3

Post-viewing

7. What do the people in the video say in these situations?

   1. _____ Magali wants some advice from Hélène.
   2. _____ Magali tells how her day was.
   3. _____ Hélène offers advice to Magali.
   4. _____ Hélène asks Magali what she did at les Baux-de-Provence.
   5. _____ Ahmed gives his phone number.
   6. _____ Magali wants to leave a message.

   a. Qu'est-ce que tu me conseilles?
   b. Téléphone-lui!
   c. Qu'est-ce que vous avez fait là-bas?
   d. On a passé un après-midi super!
   e. Je peux laisser un message?
   f. Mon numéro de téléphone, c'est le 42.34.76.22.

Vidéoclips

Supplementary Vocabulary			
un vol	*theft*	croquant(e)	*crunchy*
un magnétoscope	*VCR*	craquant(e)	*crackly, crispy*
une assurance vie	*life insurance*	grignoter	*to nibble*

8. Whom do you think the man is calling in **Vidéoclip 1**? How can you tell?

   _____

   _____

   _____

9. Circle the words that the man in **Vidéoclip 2** uses to describe himself.

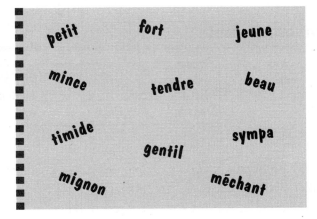

CHAPITRE

Dans un magasin de vêtements

Functions modeled in the video:

DVD2 The *DVD Tutor* provides instant access to any part of the video programs as well as the ability to repeat short segments as needed. The *DVD Tutor* also allows access to French language captions for all video segments as well as to video-based activities to assess student comprehension.

- asking for and giving advice
- expressing need and inquiring
- asking for an opinion; paying a compliment; criticizing; hesitating; making a decision

Video Segment	Correlation to Print Materials			Time Codes			
	Pupil's Edition	Video Guide		Videocassette 4		Videocassette 5 (captioned)	
		Activity Masters	Scripts	Start Time	Length	Start Time	Length
Mise en train	p. 294	p. 70	p. 109	1:13	4:29	1:20:22	4:29
Suite		p. 72	p. 110	5:47	4:10	1:25:00	4:10
Panorama Culturel	p. 305*	p. 70	p. 111	9:59	2:56		
Vidéoclips		p. 72	p. 111	12:57	1:19		

*The *Video Program* includes footage of the **Panorama Culturel** interviews in the *Pupil's Edition* and additional interviews.

 Video Synopses

Mise en train   *Chacun ses goûts*

Magali and Hélène discuss what they're going to wear to Sophie's birthday party. Magali goes to a clothing boutique. She tries on an outfit and asks the opinion of the salesperson, who compliments her.

Chacun ses goûts (suite)

Magali is still in the boutique trying to decide what to buy when Hélène shows up. Magali asks her opinion of the outfit and Hélène tells her it looks great. Later, Sophie's party starts and the guests begin to arrive. Ahmed comes in wearing a tie and several friends comment on it. Florent and Charles arrive in costume, and everyone laughs because it isn't a costume party! When Magali arrives, she is embarrassed to discover that she and Sophie bought the same blouse. Florent takes a picture of the two of them, and everyone has a good laugh.

Panorama Culturel

Students from around the francophone world talk about the clothes they like to wear.

Vidéoclips

1. Commercial for **Kelton®:** watches
2. Commercial for **Alain Afflelou®:** eyeglasses

CHAPITRE 10

Teaching Suggestions

CHAPITRE 10

Mise en train *Chacun ses goûts*

Pre-viewing
- Ask students what they need to know when shopping for clothes. Ask them what questions they might ask a salesperson in English. They may mention sizes, colors, fabrics, prices, and so on.

Viewing
- Show the video and ask students the following questions to check their comprehension of the story.
    1. What are Magali and Hélène discussing at the beginning of the video?
    2. What is Hélène going to wear? What about Magali?
    3. What does the salesperson show Magali?
    4. What does Magali think of the outfit?

- Show the video again and have students do Activity 1 on Activity Master 1, page 70.

Post-viewing
- Have students recall the compliments that the salesperson paid Magali. What were Magali's reactions?

Chacun ses goûts (suite)

Pre-viewing
- Ask students to pay particular attention to what people are wearing at the party and how they give and receive compliments.

Viewing
- Show the video and ask students the following questions to check their comprehension of the story.
    1. What is Hélène's opinion of Magali's outfit?
    2. What do Malika and Sophie compliment Ahmed about?
    3. What does Sophie offer her guests?
    4. What happens when Magali arrives?

- Show the video again and have students do Activities 7 and 8 on Activity Master 3 on page 72.

Post-viewing
- Form two or more teams. Have each team list in French as many articles of clothing as they can that the teenagers wore to the party. The team that recalls the most clothing items wins.

Panorama Culturel

Pre-viewing
- Ask students how important clothes and style are to them and to their friends. Have them consider what people like to wear versus the sense of fashion and style that is imposed by the media, popular trends, designers, and so on.

Viewing
- To do the **Panorama Culturel** activity on Activity Master 1, stop the tape after the first three interviews.

Post-viewing

- Have students compare their answers to Activity 5 on Activity Master 2, page 71, with a classmate's. Then have them work in small groups to determine what the people in the interviews like to wear most and what their attitudes towards clothes are.

- Based on the **Panorama Culturel** interviews, have students discuss the attitudes towards clothes and fashion of young people in francophone countries and in the United States. Are they similar or different?

Vidéoclips

- Ask students to compare the **Vidéoclips** to commercials they've seen in the United States for similar products. In **Vidéoclip 1,** the watch is put to an extraordinary test to make a statement (with humor) about its quality. In **Vidéoclip 2,** the product is associated with images. Quite a few different people are presented, each with eyeglasses chosen to fit his or her personality or style. Ask them to give their opinions of the advertisements. Are they effective? Why or why not?

C'est dans la boîte!

- Show the video again, asking students to pay particular attention to what the people say about one another's clothes and what the reactions are. Ask students to imagine that they're going to a friend's party. Have them practice paying compliments and reacting to them.

Activity Master 1

Mise en train *Chacun ses goûts*

Supplementary Vocabulary			
Chacun ses goûts.	*To each his own.*	la cabine d'essayage	*dressing room*
pas trop cher	*not too expensive*	taille unique	*one size fits all*
mon genre	*my style*	Il est en solde.	*It's on sale.*

Viewing

1. Circle the correct garment, color, or size to complete each sentence.

   1. Hélène aime être en **jupe** / en **robe** / en **jean**

   2. La robe que Magali aime est **verte** / **bleue** / **rouge**

   3. Magali aime la jupe **bleue** / **rouge** / **verte**.

   4. La jupe en **36** / **38** / **40** va bien à Magali.

Post-viewing

2. Vrai ou faux?

	Vrai	Faux
1. Magali wants to buy something pretty for Sophie's birthday party.	_____	_____
2. Hélène goes to a boutique to buy a dress.	_____	_____
3. Magali tries a skirt and a dress.	_____	_____
4. The skirt that fits Magali is a size 36.	_____	_____

3. Match the captions with the photos.

   a.  **b.**  **c.**

   1. _____ Moi, j'aime bien être en jean et en tee-shirt.

   2. _____ Bonjour. Je peux vous aider?

   3. _____ Très chic! C'est tout à fait votre style.

Panorama Culturel

Viewing

4. Match the speakers with their statements.

   a. Marie-Emmanuelle   **b.** Thomas   **c.** Aminata

Supplementary Vocabulary	
les affaires simples	*simple clothes*
une casquette	*cap*
un pagne	*type of African cloth*
le tissu	*material*

   1. _____ J'aime les chaussures et les casquettes.

   2. _____ J'adore les jupes, les robes, les pagnes.

   3. _____ J'aime bien les jeans et les tee-shirts.

Activity Master 2

Panorama Culturel

Supplementary Vocabulary			
une robe légère	*light dress*	un ensemble clair	*light-colored outfit*
à l'aise	*at ease*	m'habiller	*to dress myself*

5. Check the items that each interviewee mentions.

1. Marie-Emmanuelle _____ _____ _____ _____ _____ _____

2. Thomas _____ _____ _____ _____ _____ _____

3. Aminata _____ _____ _____ _____ _____ _____

4. Jean-Christophe _____ _____ _____ _____ _____ _____

5. Epie _____ _____ _____ _____ _____ _____

6. Marieke _____ _____ _____ _____ _____ _____

7. Narcisse _____ _____ _____ _____ _____ _____

8. Clémentine _____ _____ _____ _____ _____ _____

9. Emmanuel _____ _____ _____ _____ _____ _____

10. Marie-Laure _____ _____ _____ _____ _____ _____

11. Carole _____ _____ _____ _____ _____ _____

12. Pascal _____ _____ _____ _____ _____ _____

13. Nicole _____ _____ _____ _____ _____ _____

Post-viewing

6. Ask five classmates in French what they like to wear and write their responses below.

Nom   **Il/Elle aime porter…**

1. _____   _____

2. _____   _____

3. _____   _____

4. _____   _____

5. _____   _____

CHAPITRE 10

Activity Master 3

Chacun ses goûts (suite)

Supplementary Vocabulary			
au lieu de	*instead of*	une bricole	*a little something*
banal(e)	*plain*	une soirée déguisée	*costume party*

Viewing

7. Magali is very concerned with how the outfit she wants to buy looks on her. Number her questions in the order in which she asks them.

1. _____ Elle n'est pas trop courte?

2. _____ Tu ne le trouves pas démodé?

3. _____ Qu'est-ce que tu penses de cet ensemble?

4. _____ Je n'ai pas l'air trop moche avec ça?

8. At Sophie's party, Sophie and Malika notice and comment on Ahmed's tie. Did **a) Sophie** or **b) Malika** make the following comments?

1. _____ Tiens, tu as mis une cravate ce soir? 3. _____ Oui, ça te va très bien.

2. _____ C'est pas mal. C'est chic. 4. _____ Elle est chouette. C'est tout à fait ton style.

Post-viewing

9. Choose the words that correctly complete these sentences.

1. A la fête de Sophie, il y a _____ amis.
   a. cinq **b.** six **c.** sept

2. Ahmed porte la cravate de _____
   a. son père. **b.** son frère. **c.** Charles.

3. Sophie et Magali portent _____
   a. la même jupe. **b.** la même robe. **c.** le même chemisier.

Vidéoclips

Supplementary Vocabulary			
un wagon	*train car*	des lentilles	*contact lenses*
presque tout	*almost anything*		

10. In **Vidéoclip 1,** what does the narrator conclude about the watches?

_____

_____

11. What product is being advertised in **Vidéoclip 2?** Circle the correct response.

   a. clothing **b.** a travel agency **c.** eyeglasses

Vive les vacances!

Functions modeled in the video:

- inquiring about and sharing future plans; expressing indecision; expressing wishes; asking for advice; making, accepting, and refusing suggestions
- reminding; reassuring
- asking for and expressing opinions

Video Segment	Correlation to Print Materials			Time Codes			
	Pupil's Edition	Video Guide		Videocassette 4		Videocassette 5 (captioned)	
		Activity Masters	Scripts	Start Time	Length	Start Time	Length
Mise en train	p. 324	p. 76	p. 111	14:32	2:24	1:29:16	2:24
Suite		p. 77	p. 112	17:00	7:17	1:31:44	7:17
Panorama Culturel	p. 332*	p. 76	p. 113	24:19	3:17		
Vidéoclips		p. 78	p. 114	27:38	1:33		

*The *Video Program* includes footage of the **Panorama Culturel** interviews in the *Pupil's Edition* and additional interviews.

 Video Synopses

Mise en train   *Bientôt les vacances!*

Ahmed, Magali, and Florent are talking about their plans for the summer. Magali and Ahmed tell what they plan to do, but Florent isn't sure what he will do. Magali and Ahmed each make suggestions. Florent wants to do something interesting, but he doesn't know what!

Bientôt les vacances! (suite)

Florent's father sees an advertisement for a **séjour linguistique** in England and suggests it to Florent. Florent tells Ahmed, who says it won't be fun and that it rains all the time in England. Florent is reluctant, but his parents finally persuade him to go to England. At the end of the story, Florent's parents receive a package from him. He has sent back his rain gear and is having a great time!

Panorama Culturel

Students from around the francophone world tell us when they have vacations and what they do while on vacation.

Vidéoclips

1. Commercial for **TGV Atlantique®**: train service
2. Commercial for **SNCF Carte Kiwi®**: discount train travel

The *DVD Tutor* contains all video material plus video-based
DVD **2** activities to assess student comprehension of the **Mise en train,
Suite**, and **Panorama Culturel**. Short video segments are auto-
matically replayed to prompt students if they answer incorrectly.

Mise en train *Bientôt les vacances!*

Pre-viewing
- Ask students when they have vacations and what they like to do during their vacations. Do they work? Do they travel? If so, where? Has anyone ever taken a trip overseas? What do they do if they stay in town?

Viewing
- Ask students to watch the video with the following questions in mind.

  1. What are Magali's summer plans?
  2. What are Ahmed's plans?
  3. What is Florent considering?

- Show the video again and have students do Activities 1 and 2 on Activity Master 1, page 76.

Post-viewing
- Have students recall what Magali will do during her vacation at the **colonie de vacances**. You may wish to tell students that Sisteron is a town nestled in the scenic region of Alpes-de-Haute-Provence. Also have them tell what they think Ahmed could do at the **gorges du Verdon**.

- Ask students what they would do if they were in Florent's situation.

Bientôt les vacances! (suite)

Pre-viewing
- Discuss with students the most popular things to do in your area during summer vacation. Write some of them on the board. Ask students if they think visitors from France or other francophone locations would be interested in doing or seeing these things if they came for a vacation.

Viewing
- Ask students to watch the video with the following questions in mind.

  1. What does Florent's father suggest?
  2. What does Ahmed say about Florent's father's suggestion?
  3. After talking to Ahmed and then his parents, how does Florent feel?
  4. What does Florent finally decide to do? How does it turn out?

- Show the video again and have students do Activities 8 and 9 on Activity Masters 2 and 3, pages 77 and 78.

Post-viewing
- Gather and distribute several brochures or advertisements for summer language-study programs. *Le Journal français d'Amérique* publishes a study-abroad supplement annually. Have students work in small groups and decide where they would go to study French. Have them consider what they would pack, what they would choose for extracurricular activities, and whether they would like to live with a family (**une famille d'accueil**) or in a dormitory at a school (**à l'internat**). You might discuss the advantages of living with a family during a language-study program. Ask for volunteers to tell what they would do and why.

CHAPITRE 11

Panorama Culturel

Pre-viewing

- Ask students to imagine what students in Côte d'Ivoire, Quebec, Martinique, and continental France might do during their vacations. You might assign each of these areas to a small group. Have groups make a list to compare with what the interviewees say.

Viewing

- To do the **Panorama Culturel** activity on Activity Master 1, page 76, stop the tape after the first three interviews.

- Plan to show the **Panorama Culturel** at least once for each of the viewing activities on Activity Master 2, page 77. After students have seen the video once, have them compare what the interviewees say about their vacations to the list they made for the **Pre-viewing** suggestions. How does the amount of vacation time the interviewees have compare with that of students in the United States?

Post-viewing

- Ask students to comment on what the interviewees do during their vacations. Where do they go? Is visiting family during vacation important for these interviewees?

Vidéoclips

- Explain to students that the **TGV (train à grande vitesse)** has been in operation since 1981 and travels at speeds up to 300 kilometers per hour (187 mph). The **TGV Atlantique** is a main line connecting Paris to several points on the French Atlantic coast. The title of the song in this commercial is *It's Magic,* made popular in 1948 by Doris Day in the film *Romance on the High Seas.*

- Ask students if they can think of an American commercial similar to **Vidéoclip 2**. What kinds of travel discounts are available to students in the United States?

C'est dans la boîte!

- Show the **Mise en train** again. Have students work in groups of three, imagining they are Florent, Magali, and Ahmed, and tell each other about their summer plans. Ask for volunteers to present their dialogues to the rest of the class.

- Show the **Panorama Culturel** again. Write the following question on the board: **Qu'est-ce que tu vas faire pendant les vacances d'été?** Have students play the role of an interviewer and ask a partner in French where he or she will go for summer vacation and what he or she will do there. Then have students change roles and repeat the activity.

CHAPITRE 11

Activity Master 1

Mise en train *Bientôt les vacances!*

Viewing

1. Match each location with what you can do there, according to Magali, Florent, and Ahmed.

   a. une colonie de vacances   **c.** une station-service
   b. les gorges du Verdon   **d.** Arles

   1. _____ On peut aller à la plage, faire de la planche à voile et de la voile.
   2. _____ On peut y faire du camping.
   3. _____ On peut y travailler.
   4. _____ On peut aller au festival de la photographie.

2. Number Florent's remarks in the order in which you hear them.

   1. _____ J'ai envie d'être ici pour le festival de la photographie.
   2. _____ A part ça, je n'ai rien de prévu.
   3. _____ Je vais peut-être rester en Arles.
   4. _____ Je n'ai pas encore décidé.

Post-viewing

3. Vrai ou faux?

	Vrai	Faux
1. Ahmed va travailler pendant toutes les vacances.	_____	_____
2. Florent ne sait pas où il va aller pendant les vacances.	_____	_____
3. Magali va voir ses cousins au mois d'août.	_____	_____
4. Florent préfère travailler comme pompiste dans une station-service.	_____	_____

Panorama Culturel

Viewing

4. Who mentions the following vacation plans?

    a. Sim   **b. Nicole**   **c. Céline**

1. _____ partir en Espagne   3. _____ aller à la plage   5. _____ partir en Corse
2. _____ voir les parents   4. _____ se reposer un peu   6. _____ aller au cinéma

CHAPITRE 11

Activity Master 2

Panorama Culturel

Supplementary Vocabulary			
reprendre l'école	*to go back to school*	un congé supplémentaire	*extra vacation*
une semaine de congé	*week of vacation*	les travaux champêtres	*work in the fields*

5. How many times are the following categories mentioned by the interviewees?

_____ à l'étranger _____ à la plage/à la mer _____ en famille

_____ au cinéma _____ en Corse _____ à la montagne

_____ en Espagne _____ au village _____ en Italie

6. When do the interviewees say they have a vacation? Circle the responses you hear.

en février *en juillet* *à la fin de l'année* *en janvier* *à Pâques*

en avril *à Noël* *en septembre* *en novembre*

Post-viewing

7. With whom do the interviewees spend their vacations? Rank the following according to how often they were mentioned.

_____ grandparents _____ friends _____ cousins

Bientôt les vacances! (suite)

Supplementary Vocabulary			
une note	*grade*	un parapluie	*umbrella*
un séjour linguistique	*language-study program*	une famille d'accueil	*host family*
une pub(licité)	*advertisement*	un imperméable	*raincoat*
des trucs sans intérêt	*boring things*	Autre chose?	*Anything else?*

Viewing

8. Should Florent go to England for a **séjour linguistique?** Match each remark with the person who makes it.

    a. le père de Florent   **c.** Ahmed
    b. la mère de Florent   **d.** Florent

1. ____ En Angleterre! Il pleut tout le temps!   5. ____ C'est un très joli pays.

2. ____ C'est peut-être pas une mauvaise idée.   6. ____ Moi, je vote pour le séjour linguistique.

3. ____ Je ne sais pas. J'hésite encore.   7. ____ N'oublie pas ton parapluie!

4. ____ Ce n'est peut-être pas une bonne idée.   8. ____ Ça m'a l'air tout à fait sympathique.

Activity Master 3

9. What does Florent write about his stay in England? Circle the appropriate word or phrase.

   1. J'ai **beaucoup de / quelques** copains.

   2. Il **pleut / fait un temps splendide.**

   3. Il fait **chaud / froid.**

   4. On a visité Londres. C'était **génial / nul.**

Post-viewing

10. Circle each item that Florent packed for his trip.

> un cadeau   une raquette de tennis   un billet de train   un CD   une cravate
> un appareil-photo   un parapluie   un dictionnaire

Vidéoclips

Supplementary Vocabulary			
la croisière	*cruise*	moins de	*less than*
moitié prix	*half-price*	la marraine	*godmother*
le tonton	*uncle*	jusqu'à quatre personnes	*up to four people*

11. What is being advertised in **Vidéoclip 1?**

   a. airline company   **b.** train travel   **c.** luggage

12. Write down anything you see in **Vidéoclip 1** that you might not see in the United States.

   _____

   _____

   _____

   _____

13. Who are the people mentioned in **Vidéoclip 2?** What deal is the advertiser offering?

   _____

   _____

   _____

   _____

French 1 Allez, viens!, Chapter 11

Location: Fort-de-France

DVD Tutor, Disc 2
Videocassette 4
Start Time: 29:42
Length: 2:18
Pupil's Edition pages 350–353

The French in this Location Opener is spoken at normal speed. Students are not expected to understand every word. The activities for this section have been designed to help them understand the major points.

 Teaching Suggestions

 The *DVD Tutor* contains all video material plus a video-based activity to assess student comprehension of the material in the Location Opener. Short segments are automatically replayed to prompt students if they answer incorrectly.

Pre-viewing

- Ask students if they know where the Caribbean Sea is located (southeast of Florida) and how close it is to the United States. Have them locate Fort-de-France on the map on page 350 of their textbook.

- Ask students if they know what languages are spoken in Martinique (French and Creole). Ask them if they know of any other locations in the Caribbean where French is spoken (Guadeloupe, Haiti, and so on).

- You might want to tell students that Martinique is a **département d'outre-mer** and that the inhabitants of Martinique are French citizens.

- Go through the information on pages 350–353 of the *Pupil's Edition* with the students. For additional background information about Fort-de-France, see pages 350–353 of the *Annotated Teacher's Edition*.

- Before showing the video, read aloud the **Supplementary Vocabulary** on the Activity Master so that students will recognize the words when they hear them in the video.

Viewing

- Have students look for images showing that Martinique is in the tropics (countryside, trees, and flowers). Ask them to consider whether the images are similar to any region of the United States they know. You might mention Hawaii and South Florida as tropical regions.

- Show the video a second time and have students complete the **Viewing** activities on the Activity Master.

Post-viewing

- Have students work with a partner or in groups to compare their answers to Activities 1-3 on page 80. Play the video again, if necessary.

- Have students prepare three true-false statements about the Location Opener. Then have each student read the statements aloud. The other students will decide if the statements are **vrai** or **faux.**

- Have students complete Activity 4 on page 80 in groups and discuss their itineraries.

Activity Master: Fort-de-France Location Opener

Supplementary Vocabulary			
martiniquais(e)	*from Martinique*	le climat	*climate*
une île	*island*	une querelle	*dispute*
la mer des Caraïbes	*Caribbean Sea*	l'Angleterre	*England*
les tropiques	*tropics*	en plein air	*outdoors*

Viewing

1. Indicate the order in which the following places or things are mentioned. The first one is done for you to help you get started.

    _____ le fort Saint-Louis   _____ la cathédrale Saint-Louis

    _____ le marché   __1__ la baie des Flamands

    _____ la Savane   _____ la bibliothèque Schœlcher

2. Circle the word or phrase that best completes the sentence, according to the video.

    1. La ville principale de la Martinique est **Fort-de-France / Saint-Louis.**

    2. La Martinique se trouve dans la mer **des Caraïbes / Méditerranée.**

    3. Le zouk est chanté en **créole / français.**

    4. Le Carnaval est **une fête / une danse.**

    5. Le fort Saint-Louis symbolise la période des querelles entre la France et **l'Angleterre / les Etats-Unis.**

Post-viewing

3. Use the words in the box to answer the following questions.

> le fort Saint-Louis   le zouk   le Carnaval   la bibliothèque Schœlcher
> la cathédrale   la Savane   le marché

    1. Quelle est la fête qui a lieu au mois de février?

    _____

    2. Où est-ce que les jeunes aiment jouer au football ou écouter des concerts?

    _____

    3. Quel est le nom d'un type de musique martiniquaise?

    _____

4. Imagine that you are planning a trip to Fort-de-France. Where would you go? What would you do there? You may want to use your textbook to plan your itinerary.

    _____

    _____

    _____

    _____

CHAPITRE 12 — En ville

Functions modeled in the video:

- pointing out places and things
- making and responding to requests
- asking for advice and making suggestions
- asking for and giving directions

 DVD2 The *DVD Tutor* provides instant access to any part of the video programs as well as the ability to repeat short segments as needed. The *DVD Tutor* also allows access to French language captions for all video segments as well as to video-based activities to assess student comprehension.

Video Segment	Correlation to Print Materials			Time Codes			
	Pupil's Edition	Video Guide		Videocassette 4		Videocassette 5 (captioned)	
		Activity Masters	Scripts	Start Time	Length	Start Time	Length
Mise en train	p. 356	p. 84	p. 114	32:04	3:13	1:39:10	3:13
Suite		p. 85	p. 115	35:20	9:10	1:42:30	9:10
Panorama Culturel	p. 368*	p. 84	p. 116	44:32	2:48		
Vidéoclips		p. 86	p. 117	47:22	1:50		

*The *Video Program* includes footage of the **Panorama Culturel** interviews in the *Pupil's Edition* and additional interviews.

 Video Synopses

Mise en train   *Un petit service*

Lucien and his friend Mireille plan to meet in town and visit Fort Saint-Louis. As Lucien is getting ready to leave, his mother, father, and sister all ask favors of him. Although they ask him to do many errands, Lucien agrees to everyone's requests. When a neighbor enters and asks if anyone is going to town, Lucien quickly gets away!

Un petit service (suite)

Mireille accompanies Lucien on his errands in Fort-de-France. They get lost and ask a man for directions. When they arrive at the post office to mail a package for Lucien's father, it's already closed. They decide to take a ferry to Trois-Ilets and deliver the package themselves. During the ferry ride, Lucien points out landmarks. When Lucien returns home, his relatives thank him for doing their errands. His mother asks about the fort, and he realizes he completely forgot to visit it!

Panorama Culturel

Students from around the francophone world tell whether or not they have a driver's license and what you must do to get one.

Vidéoclips

1. Commercial for **RATP®**: Parisian transport system
2. Commercial for **Banette®**: bread
3. Commercial for **Banette®**: bread

Mise en train   *Un petit service*

Pre-viewing
- Ask students if they do errands for their family. What kinds of errands do they do and how often?

Viewing
- Ask students to watch the video with the following questions in mind.

  1. Whom is Lucien going to meet? What are they planning to do?
  2. What do Lucien's family members ask him to do?
  3. How does Lucien's reaction change as more requests are made?
  4. What does the neighbor want? How does Lucien react?

- Show the video again and have students do Activity 1 on Activity Master 1, page 84.

Post-viewing
- Form several teams. Give each team two minutes to list the places Lucien needs to go to and the errands he needs to do. Call on teams to read a different place and errand from their list.

Un petit service (suite)

Pre-viewing
- Ask if students have ever acted as a guide to show someone around their area. What sights did they point out?

Viewing
- Ask students to watch the video with the following questions in mind.

  1. What does Lucien buy at the market?
  2. What happens when Lucien and Mireille try to find the record store?
  3. What happens when they get to the post office? What do they do next?
  4. What does Lucien realize when he arrives home?

- Show the video again and have students do Activity 5 on Activity Master 2, page 85.

Post-viewing
- Ask students to comment on things they saw in Fort-de-France. For example, they might tell what they recognized at the market.

- Have students compare their answers to Activity 8 on Activity Master 3, page 86 with a classmate's. Students may have mentioned tropical trees and flowers, as well as the modern city streets and shops.

- Have students consider what it might be like to live on an island such as Martinique. They might mention the availability of foods and other goods, depending on what is produced locally and what is imported. Point out features such as the location of Fort-de-France on the sea and its reliance on ferries for transportation, and the French influence (**boulangeries, pâtisseries,** city parks with monuments, and so on).

- Ask students what they learned about Mireille. There are several hints that Mireille is originally from Martinique, lived in Paris, and then returned to Martinique.

CHAPITRE 12

Panorama Culturel

Pre-viewing

- Ask students if they have a driver's license or a learner's permit. In their opinion, is it easy or difficult to obtain a license where they live?

Viewing

- To do the **Panorama Culturel** activity on Activity Master 1, page 84, stop the tape after the first three interviews.

Post-viewing

- Have students compare their answers to the **Panorama Culturel** activities on Activity Master 2, page 85.

- After doing the **Post-viewing** activity on page 85, have students compare the requirements for a driver's license in francophone countries to those in their state. You might point out that in France and other francophone countries, fewer young people have cars and public transportation is generally widely available.

Vidéoclips

- Ask students to try to guess what is being advertised in the **Vidéoclips**. You might tell them that the letters **RATP** stand for **Régie autonome des transports parisiens**, the urban transportation system in Paris, which includes buses and the subway. Ask students if they recognize the music in **Vidéoclip 1**. You may want to tell them that **La Marseillaise**, the French national anthem, was composed in 1792, during the French Revolution.

- **Vidéoclip 2** and **Vidéoclip 3** are advertisements for mass-produced **baguettes**. You might want to explain the slogan **Le pain des mordus du pain** in **Vidéoclip 2** and **Vidéoclip 3**. **Mordu** means both *bitten* and *fanatic*. You might ask students if they know a similar expression in English *(to be bitten by the love bug)*.

C'est dans la boîte!

- Show the **Mise en train** again. Then have students get together in groups of four to play the roles of family members asking one another to do errands. Have them create a skit in which they make, accept, and decline requests, using expressions from the video and others they've learned.

Activity Master 1

Mise en train *Un petit service*

Supplementary Vocabulary			
une carambole	*star fruit*	Ça suffit.	*That's enough.*
une igname	*yam*	Au secours!	*Help!*
Ça tombe bien.	*Good timing.*		

Viewing

1. Match each request with the appropriate picture.

   a.   b.   c.   d.

1. _____ Passe au marché. Tu me prends de l'ananas, des oranges et des caramboles.

2. _____ Tu peux rendre ces livres à la bibliothèque?

3. _____ Est-ce que tu peux aller à la poste et envoyer ce paquet?

4. _____ Au retour, tu peux aller à la boulangerie? Prends deux baguettes.

Panorama Culturel

Supplementary Vocabulary			
probatoire	*probationary*	un permis accompagné	*learner's permit*
sur route	*on the road*	le code de la route	*rules of the road*
un permis de conduire	*driver's license*	(avoir) la tête ailleurs	*(to have) your mind elsewhere*

Viewing

2. Who makes each of the following statements?

   a. Lily-Christine   **b.** Emmanuel   **c.** Charlotte

1. _____ Pour avoir un permis de conduire, il faut passer le code.

2. _____ Si tu as l'examen sur route, eh bien, tu as ton permis.

3. _____ Il faut être bien dans sa tête.

4. _____ J'ai mon permis probatoire.

5. _____ Il faut sans doute bien savoir ses signes.

6. _____ Je n'ai pas encore seize ans.

Activity Master 2

Panorama Culturel

Supplementary Vocabulary			
la conduite accompagnée	*accompanied driving*	s'entraîner	*to practice*
avoir la majorité	*to be of age*		

3. Who mentions the following driver's license requirements?

	avoir 18 ans	passer le code de la route	passer un examen sur route	avoir de l'argent
1. Lily-Christine	_____	_____	_____	_____
2. Emmanuel	_____	_____	_____	_____
3. Charlotte	_____	_____	_____	_____
4. Virgile	_____	_____	_____	_____
5. Jean-Christophe	_____	_____	_____	_____
6. Olivier	_____	_____	_____	_____
7. Matthieu	_____	_____	_____	_____
8. Céline	_____	_____	_____	_____
9. Léna	_____	_____	_____	_____
10. Viviane	_____	_____	_____	_____
11. Amadou	_____	_____	_____	_____

Post-viewing

4. What are the requirements for a driver's license in your state?

_____

_____

_____

Un petit service (suite)

Supplementary Vocabulary			
Sa ou fé?	*How are you? (Creole)*	doudou	*sweetie, dear (Creole)*
plein de trucs	*lots of things*	depuis ton départ	*since you left*

Viewing

5. Number the directions the man gives to Lucien and Mireille in the order in which you hear them.

_____ Vous tournez à gauche vers la rue Schœlcher.

_____ C'est à cinq minutes.

_____ Puis, première à droite et vous arrivez dans la rue Lamartine.

_____ Prenez la rue Blénac.

_____ Vous remontez la place.

Activity Master 3

6. Who makes the following remarks?

1. _____ Attendez, je sais que c'est par là. Mais où?
2. _____ Tiens! Il est là, le Hit-Parade!
3. _____ Eh, au fait, le fort, c'était comment?
4. _____ Regarde ce bateau, comme il est beau!

a. Lucien
b. Mireille
c. Mme Lapiquonne
d. le monsieur

Post-viewing

7. Vrai ou faux?

	Vrai	Faux
1. Lucien prend le bus pour aller en ville.	_____	_____
2. Lucien achète du poisson au marché.	_____	_____
3. Lucien et Mireille vont aux Trois-Ilets en bateau.	_____	_____
4. Lucien et Mireille vont au fort.	_____	_____
5. Lucien fait toutes les courses pour sa famille.	_____	_____

8. Write down anything you saw in the video that you wouldn't see in your area.

_____
_____
_____
_____

Vidéoclips

Supplementary Vocabulary

un citoyen	citizen	un mordu	fanatic
Ça te plaira.	You'll like it.	le prochain qui	the next one who

9. Who do you think the audience is in **Vidéoclip 1?** Which piece of music does the audience like better? How do you know?

_____
_____
_____

10. Write down anything you see in **Vidéoclip 2** and **Vidéoclip 3** that you probably wouldn't see in the United States.

_____
_____
_____
_____

CHAPITRE 12

Video Scripts

Video Program

CHAPITRE PRELIMINAIRE
Allez, viens!

Bienvenue dans le monde francophone!
Welcome to the French-speaking world. You
know that French is spoken in France, but did
you know that several of the countries border-
ing France use French as an official language?
French is spoken not only in Europe; it is also
spoken by many people in Africa, North America,
and the Carribean islands. French is also the
official language in French Guiana in South
America, and the Polynesian Islands in the
South Pacific. You will hear French in Asian
countries such as Vietnam and Cambodia. In
fact, French is spoken by millions of people in
over 30 countries around the world!

One of the first things you may want to do
when learning a new language is introduce
yourself. Listen as these French-speaking
people tell you a little about themselves.

— Bonjour!
— Bonjour! Je m'appelle Thuy.
— Bonjour. Je m'appelle Céline.
— Salut! Je m'appelle Alidou.
— Je m'appelle Koffi, Kouakou Marius. J'ai
   21 ans. Je suis ivoirien.
— Je m'appelle Dominique Fisette, je suis
   québécois et j'ai 16 ans.
— Je m'appelle Myriam Phase, je suis québé-
   coise et j'ai 15 ans.
— Je m'appelle Emmanuel.
— Je m'appelle Frédéric et Féfé pour les intimes.
— Je m'appelle Caroline.
— Je m'appelle Matthieu.
— Je m'appelle Elodie.
— Salut! Je m'appelle Lucien Lapiquonne et je
   suis martiniquais.
— Je m'appelle Sylviane.

— Et vous êtes martiniquaise?
— Je suis martiniquaise et très contente de l'être.
— Je suis français.
— Je suis française.
— Je suis de nationalité burkinabé.
— Bonjour.
— Comment t'appelles-tu? Et tu as quel âge?
— Je m'appelle Sarodja Nicole. J'ai 17 ans
   cette année.
— J'ai 13 ans.
— J'ai 14 ans.
— J'ai 15 ans.

If you're not sure you understood what someone
says, you can always ask them to spell things
out for you.

— Tu peux l'épeler, s'il te plaît?
— Thear: T.H.E.A.R.
— J.A.C.Q.U.E.S.
— L.I.L.Y. trait d'union C.H.R.I.S.T.I.N.E.
— Listen as Maloy sings the French alphabet
   for you.
— A, B, C, D, E, F, G, H, I, J, K, L, M, N, O, P,
   U *[sic]*, R, S, T, U, V, W, les trois dernières
   lettres sont X, Y et Z.
— How many times a day do you use numbers?
   Giving someone your phone number, check-
   ing grades, and getting change at the store
   all involve numbers. Now, listen as Maloy
   counts from zero to twenty.
— Zéro, un, deux, trois, quatre, cinq, six, sept,
   huit, neuf, dix, onze, douze, treize, quatorze,
   quinze, seize, dix-sept, dix-huit, dix-neuf,
   vingt.
— You're already well on your way to learning
   how to understand and communicate with
   French speakers around the world!
— Allez, viens!

French 1 Allez, viens!

LOCATION OPENER: Poitiers

Bonjour! Bienvenue en France! Maintenant, nous sommes à Poitiers, ville d'art et d'histoire. Poitiers, c'est super! Allez, viens!

La ville de Poitiers est située dans une des régions les plus historiques de France à proximité de la Vallée de la Loire et de ses châteaux. Elle offre une grande variété de monuments. Il y a le dolmen préhistorique de la Pierre Levée, la cathédrale de Saint-Pierre et le très bel Hôtel de ville. Mais, Poitiers est aussi une ville tournée vers les jeunes et l'avenir. Le Futuroscope est un grand parc d'attractions sur le cinéma et la technologie. Le futur, c'est aussi le TGV, le train à grande vitesse. Poitiers, c'est la douceur de vivre à la ville. Les étudiants aiment passer beaucoup de temps à la terrasse des cafés. Ils y discutent de leurs professeurs et de leurs cours. N'oublions pas que la ville est située dans une région qui a une végétation abondante. Poitiers a un magnifique parc floral, la Roseraie, où il est agréable de se promener et au centre ville, il y a un très joli marché aux fleurs. Pas loin de la ville, la campagne offre de nombreuses activités de plein air. Poitiers n'est pas une grande ville, mais il fait bon y vivre entre histoire et nature.

CHAPITRE 1
Faisons connaissance!

Mise en train
Salut, les copains!

— Bonjour. Ça va? Je m'appelle Claire. J'ai 15 ans. Je suis française, de Poitiers. Tu aimes? Allez, viens! Je vais te présenter mes amis du monde francophone. A tout à l'heure!

— Salut! Je m'appelle Djeneba. J'ai 16 ans. Je suis ivoirienne. J'adore la Côte d'Ivoire et surtout Abidjan. C'est super! J'aime étudier, mais j'aime mieux faire du sport. C'est super cool! Au revoir!

— Salut! Ça va? Je m'appelle Thuy. J'ai 14 ans. Je suis vietnamienne. Mais je suis à Paris. J'adore la France. J'aime faire les magasins. Elle, elle s'appelle Isabelle.

— Salut!
— Salut! Bonjour!

— En général, je n'aime pas la télévision. J'aime mieux aller au cinéma. A tout à l'heure!

— Salut! Je m'appelle Ahmed. Je suis marocain mais j'habite en Arles, en Provence. J'aime tous les sports, surtout le football. J'aime aussi faire du vélo. Florent aussi, il aime jouer au foot. But!

— Bonjour! Je m'appelle Stéphane. J'ai 15 ans et je suis martiniquais. J'adore la Martinique. J'aime la plage, la mer, le soleil, la musique. Et j'aime aussi nager. Et j'aime surtout danser. Eh oui, j'adore la Martinique! Et toi? Tu aimes?

— Salut. Je m'appelle Didier. J'ai 13 ans. Je suis belge. J'aime écouter de la musique. J'aime aussi les vacances. J'aime surtout voyager.

— Didier! Moins fort, la musique!
— Oh... Salut!

— Bonjour! Je m'appelle Emilie. J'ai 16 ans. Je suis québécoise, du Québec, au Canada. Ici, c'est l'fun! Moi, j'adore faire du sport, surtout du ski et du patin. J'aime bien aussi faire de l'équitation. Et je n'aime pas les insectes! Au revoir.

— Tiens, bonjour! Comment ça va? Moi, ça va pas mal. Je m'appelle André. J'ai 17 ans et je suis suisse. Je parle français et allemand. J'aime beaucoup la télévision. Attends! Excuse-moi, c'est un match de foot... Allô? Ah, salut! Attends une seconde... J'aime aussi parler au téléphone avec mes copains. A tout à l'heure! Comment vas-tu...?

— Coucou. Je m'appelle Jérôme et j'ai 16 ans.
— *Hello.* Je m'appelle Marc et j'ai 15 ans.

— Tu sais, Poitiers, c'est chouette. Il y a beaucoup de choses à faire. J'adore le cinéma. Mais j'aime aussi danser, lire, voyager et écouter de la musique.

— Et moi, j'aime bien étudier l'anglais.
— Moi aussi!
— Et toi, tu aimes le français?

Salut, les copains! (suite)

— Bonjour, monsieur!
— Bonjour. Comment ça va?
— Très bien, et vous?
— Bien, merci. Alors, les vacances?
— Super! Et vous?
— Pas mal. Et ça va, les maths?

— Les maths? Euh... oui, ça va. Comme ci, comme ça. Tiens, qui est la fille là-bas, avec Claire?
— Je ne sais pas.
— Bonjour, monsieur.
— Bonjour, mademoiselle.
— Salut.
— Salut.
— Je vous présente Ann. Une nouvelle. Elle est américaine.
— Américaine!
— Bonjour.
— Bonjour. Je m'appelle M. Balland.
— C'est le professeur de maths.
— Et moi, je m'appelle Marc. Quatre!
— Quatre?
— Oui, à Poitiers, c'est quatre.
— Mais non, c'est deux.
— Alors, c'est deux.
— C'est combien aux Etats-Unis?
— Zéro.
— Zéro?
— Eh oui!
— J'aime bien les Etats-Unis.
— Moi aussi. Et j'aime aussi la France.
— Bien... au revoir. A tout à l'heure... et bonne rentrée, hein!
— A plus tard.
— A tout à l'heure.
— Au revoir monsieur! Il... *He looks nice.*
— Pardon?
— Elle dit qu'il a l'air sympa.
— Oh non!
— Lui, il s'appelle Jérôme. Alors, ça va, Jérôme?
— Bof. Pas terrible.
— Alors, comment elle s'appelle, la nouvelle?
— Ann. Elle est américaine.
— Ah oui?
— *She looks nice.*
— Pardon?
— T'occupe. C'est de l'américain.
— Eh bien, tu parles américain maintenant?
— Parfaitement.
— Et qu'est-ce que ça veut dire?
— Elle a l'air sympa.
— Alors, tu as quel âge?
— 16 ans. Et toi?
— Moi, j'ai 15 ans et Claire aussi, elle a 15 ans. N'est-ce pas, Claire?
— Oui.
— Et Jérôme? Il a quel âge?
— Jérôme, tu as quel âge? Il a trois ans.
— Mais, non. Il a 16 ans.
— Tu aimes les croque-monsieur?
— Qu'est-ce que c'est?
— Un croque-monsieur, c'est un sandwich au jambon et au fromage.

— Ah...
— Moi, j'aime mieux les hamburgers. Je déteste le croque-monsieur.
— Marc adore tout ce qui est américain. C'est un Américain de Poitiers.
— C'est vrai.
— Aïe!
— Eh, ça va, Jérôme?
— Ouais! Super! Regarde! Elle marche!
— Bien. On y va?
— Laisse, je t'invite.
— Mais...
— Non, c'est moi.
— Mais, non!
— Si.
— Ecoutez, les garçons. J'ai une idée. On partage en trois et on t'invite, Ann.
— D'accord. Et merci.
— Et bienvenue à Poitiers!
— Bienvenue à Poitiers!

Panorama Culturel

What do you like to do when you have free time? Do you think teenagers in French-speaking countries like to do the same things? Here's what some students had to say about their favorite leisure-time activities.

Qu'est-ce que tu aimes faire après l'école?

[Gabrielle] J'aime lire. J'aime écouter de la musique. J'aime parler, discuter avec mes amis.

[Fabienne] Alors, quand j'ai du temps libre, j'aime aller au cinéma, aller à la plage, lire et puis voilà, c'est tout.

[Caroline] Après l'école, j'aime regarder la télévision, aller à la piscine ou lire des livres.

[Matthieu] J'aime aller à la piscine, faire du cheval ou d'autres activités de plein air.

[Karina] Je vais à la plage, je vais au cinéma et je vais aussi danser.

[Isabelle] J'aime faire du tennis, jouer de la flûte traversière et faire de la natation.

[Léontine] J'aime lire les romans. J'aime regarder la télévision.

[Thomas] J'aime faire du sport et retrouver mes amis en ville.

[Catherine] Moi, j'aime écouter de la musique et j'aime sortir, sortir et faire ce qui me passe par l'idée, j'aime faire de la photo et dessiner.

[Charlotte] J'aime bien faire de la natation, écouter de la musique, téléphoner, écrire.

[Marie-Bertille] J'aime beaucoup faire du sport. J'aime faire de la musique aussi, comme le piano et puis, voilà... enfin, l'équitation.

[Lucie] Pas grand-chose. J'aime beaucoup étudier. C'est ma passion, quoi.

[Louis] Ben, quand on a du temps, j'aime bien aller au cinéma ou à la patinoire.

Vidéoclips

Crunch

Crunch, le chocolat qui croustille.

Tornado

— Aujourd'hui, une nouvelle puissance aspire à la perfection.
— Contact.
— O.K.
— Monter en puissance.
— O.K.
— Booster, 1400 watts.
— Aspiration maximum.
— Piloter un Tornado.

CHAPITRE 2
Vive l'école!

Mise en train
La rentrée

— Tiens, salut Claire.
— Salut, Delphine. Je te présente ma correspondante américaine, Ann.
— Bonjour. Comment ça va?
— Bien. Et toi?
— Super bien... Alors, tu aimes Poitiers?
— Oui, beaucoup.
— Tu as quel cours maintenant?
— Allemand. J'adore. Et toi, tu as quoi?
— Histoire.
— Histoire? Mais non, on a sciences nat.
— Sciences nat? Mais, non. C'est le mercredi, les sciences nat. Le mercredi à huit heures.
— Attends, je regarde. Alors, aujourd'hui... huit heures... Maths. J'ai maths!
— Maths?
— Ah non, c'est le lundi, les maths. Aujourd'hui, c'est mardi, non?

— Oui, je pense.
— Alors, mardi, huit heures... sciences nat! J'ai raison.
— Ecoutez. Je ne veux pas être en retard. Bon courage!
— Pourquoi?
— Parce que c'est difficile, les sciences nat.
— Mais non, c'est passionnant. Et le prof est sympa.
— Oui... Tchao.
— Salut!
— Salut. Ça va?
— Ça va. Et toi?
— Pas mal. Il est quelle heure?
— Bientôt huit heures. Alors, elle marche maintenant?
— Super bien.
— C'est bien.
— Oui. Heureusement... Tiens, voilà les filles! Salut!
— Alors, les garçons, ça boume?
— Super.
— Bof. Pas terrible.
— Qu'est-ce qu'il y a?
— Oh rien. J'ai maths.
— Tu n'aimes pas les maths?
— Non, c'est nul.
— Moi, j'adore. C'est super intéressant.
— J'aime mieux le sport. C'est plus cool!
— Et après, tu as quoi?
— Après les maths, j'ai géographie. Et après, à onze heures, j'ai encore maths! Deux heures de maths ce matin!
— Et toi, Jérôme, tu as quoi maintenant?
— Maintenant? Euh... Je ne sais pas très bien... français ou allemand.
— Tu n'as pas ton emploi du temps?
— Euh, non.
— Tu n'as pas allemand?
— Si, tu as raison.
— Tu aimes l'allemand, toi?
— Oui, mais j'aime encore mieux l'espagnol. C'est plus facile pour moi.
— Tu étudies aussi l'espagnol?
— Et l'anglais aussi. J'adore les langues.
— Et toi Marc, qu'est-ce que tu aimes comme cours?
— Eh bien, j'aime l'histoire, la géographie, l'anglais, le français et le sport.
— Moi aussi, j'adore le sport!
— Dis, tu as sport cet aprèm?
— Oui, à 14 heures.
— Génial! Nous aussi!
— Super! Et toi Jérôme?
— Euh, je ne sais pas.
— Mais si!
— Alors, on a tous sport cet aprèm.

— Tu vas voir, le prof est super!

— Il s'appelle comment?

— Elle. C'est une femme. Elle s'appelle Madame Crozatier.

— Il est quelle heure?

— Huit heures! Vite! Allons-y! On est en retard!

— Eh bien, Jérôme, tu viens? Qu'est-ce qu'il y a?

— Je n'ai pas mes baskets.

La rentrée (suite)

— Super, ce cours de maths!

— Ah oui?

— Oui. Vraiment génial. Monsieur Balland explique bien. Finalement, c'est pas mal, les maths. Et toi, ton cours d'histoire?

— Pas mal... Dis, il est quelle heure? Midi et quart?

— Ben, oui. Pourquoi? Qu'est-ce qu'il y a?

— Ben, je n'ai pas mes baskets pour le sport. Regarde mes chaussures. Impossible de faire du sport avec ça!

— Ça, c'est vrai. C'est difficile... Et alors?

— Ben alors, j'aime bien le sport, je ne sais pas quoi faire.

— J'ai une idée! J'ai deux paires de baskets.

— Ah oui? Bravo!

— Attends. A tout de suite.

— Alors, ça va?

— Bof, pas terrible. Regarde!

— Ben, ça va, non?

— Non. Trop grandes.

— Marche. Parfait!

— Arrête! C'est pas drôle.

— Bon. Il est midi et demi. C'est l'heure du déjeuner. Tu viens?

— Non merci. Bon appétit! A tout à l'heure.

— Tiens, on n'a pas sport cet aprèm.

— Ah oui? Pourquoi?

— Parce que Madame Crozatier est absente. Elle est malade. Regarde.

— Oh non, on a étude!

— Super! J'ai des devoirs à faire. J'aime mieux ça.

— 13h27. J'ai mes baskets!

— Mais on n'a pas sport. Madame Crozatier est absente.

— C'est vrai?

— Oui. Elle est malade.

— On n'a pas sport! Et moi qui... Tout ça pour rien.

Panorama Culturel

What is your school day like? At what time does it start and end? What classes do you have? Here's what some francophone students had to say about their school day.

Tu as quels cours?

[Patrice] Comme cours, j'ai le français, l'anglais, les maths. J'ai aussi éducation physique. J'ai l'art plastique, l'informatique... beaucoup de matières comme ça.

[Yannick] Alors, comme je suis en première S, j'ai de l'économie. Je fais de l'anglais, du portugais, du français, de l'éducation physique, de l'histoire, de la géographie. C'est tout. Et des maths.

Tu peux décrire ton emploi du temps?

[Yannick] Je commence à huit heures. Je termine à midi. J'ai l'interclasse de midi à deux heures et de deux heures à dix-sept heures.

[Amadou] A l'école, j'ai comme cours, français, anglais, sciences physiques, sciences naturelles, éducation civique et morale, les épreuves physiques.

[Onélia] Comme différentes matières? J'ai des cours de mathématiques, sciences physiques, du français, anglais, histoire-géographie, sciences naturelles et sport.

[Eva] J'ai comme cours la physique, sciences naturelles, le français, les maths, la géographie et le C.M.

[Lily-Christine] J'ai du français, des mathématiques, de la chimie, de la physique, de l'anglais, de l'éducation physique, de l'éducation économique et de l'écriture.

[Morgan] J'ai français, mathématiques, géographie, anglais et sciences et c'est tout.

[Séverine] Eh bien, j'apprends le français, l'anglais, l'espagnol, les mathématiques, les sciences et l'économie.

[Julie] J'ai les maths, la physique, le français, l'espagnol, la physique.

[Isabelle] J'ai des mathématiques, du français, de l'anglais, de l'allemand, du latin, de la technologie, du dessin, de la musique et du sport.

[Jean-Christophe] A l'école, j'ai des cours de maths, j'ai des cours de français, de sport, d'anglais, d'histoire-géo, de cinéma et audio-visuel; et puis d'italien et encore quelques langues de ce style.

[Arnaud] J'ai des maths, du français, de l'histoire-géo, des sciences naturelles et des sciences physiques, de l'instruction civique, du sport et je crois que c'est tout.

Vidéoclip

Tout ce que j'ai, tout ce que j'aime

Il fallait saisir un pays si grand
au-delà du ciel, courait l'horizon.
Un pays si froid, un pays si blanc,
il fallait le vaincre et bâtir maisons.

Nous aimions entendre rugir les moteurs
et sur le métal les marteaux qui tonnent.
Nous étions l'avenir, nous étions vainqueurs.

On n'arrête pas la marche des hommes,
la marche des hommes.
Mais je ne vois plus la plaine sauvage.
L'ancienne frontière jamais profanée.

Encore envahir, encore dominer.
Petite est ma terre au cœur de l'orage,
au cœur de l'orage.

Et c'est tout ce que j'ai, et c'est tout ce que j'aime, et c'est tout ce que je veux garder.
Il y a le temps de brûler, Il y a le temps où l'on s'aime, le temps de prendre et le temps de donner.

Le monde bascule, j'essaie de comprendre
et je ne crois plus tout ce qu'ils m'ont dit.

Je ne veux plus me taire, je ne veux plus attendre.
Il vont tous partir, moi, je reste ici.
Moi, je reste ici.

Et c'est tout ce que j'ai, et c'est tout ce que j'aime, et c'est tout ce que je veux garder.
Il y a le temps de brûler, il y a le temps où l'on s'aime, le temps de trembler, le temps de donner.

Et c'est tout ce que j'ai, et c'est tout ce que j'aime, et c'est tout ce je veux garder.
Il y a le temps de brûler, il y a le temps où l'on s'aime, le temps de prendre et le temps de donner.

Juste au bout de mes doigts, dans chacun de mes gestes,
jusqu'au bout de ma voix et par chaque caresse,
Il faut garder la source, il faut quérir le vent.
Il y a un enfant qui pousse,
tout respire en même temps.

Et c'est tout ce que j'ai, et c'est tout ce que j'aime, et c'est tout ce je veux garder.
Il y a le temps de brûler, il y a le temps où l'on s'aime, le temps de prendre et le temps de donner.

Et c'est tout ce que j'ai, et c'est tout ce que j'aime, et c'est tout ce je veux garder.
Il y a le temps de brûler, il y a le temps où l'on s'aime, le temps de prendre et le temps de donner.

CHAPITRE 3
Tout pour la rentrée

Mise en train
Pas question!

— Alors, où sont les fournitures scolaires? Ah! là-bas.
— Regarde. Il est chouette, ce tee-shirt bleu, non?
— Pas mal.
— Dix euros. C'est pas cher.
— Ecoute, il te faut des tee-shirts pour l'école?
— Non, mais...
— Alors, on n'achète pas de tee-shirts. On achète des fournitures scolaires.
— Bon, d'accord.
— Tu as la liste?
— Oui.
— Alors, qu'est-ce qu'il te faut?
— Eh bien, des crayons, des stylos, une gomme, une calculatrice, un pot de colle...
— Pardon, mademoiselle, vous avez des trousses, s'il vous plaît?
— Oui, bien sûr. Là, à côté des cahiers.
— Merci.
— A votre service.
— Combien de crayons il te faut?
— Huit crayons noirs et des crayons de couleur pour le dessin.
— Voici des crayons noirs.

— Et voilà une boîte de crayons de couleur.
— C'est combien?
— Trois cinquante.
— Bien. Il te faut combien de cahiers?
— Deux cahiers pour le français, trois pour l'histoire, un pour la géographie, un pour l'anglais, un pour l'allemand. Il y a aussi la biologie, les maths, en tout, dix cahiers.
— Eh bien, dix cahiers. Combien, ces cahiers-ci?
— Un euro quatre-vingt-cinq.
— Et ces cahiers-là?
— Deux euros.
— Bon, d'accord.
— Attends! Je voudrais des couleurs différentes.
— Quelles couleurs?
— Eh bien... Je voudrais deux cahiers rouges, deux cahiers bleus, deux cahiers violets, trois cahiers verts.
— Ça fait neuf cahiers seulement.
— Eh bien... un autre violet.
— Eh bien, dix. Qu'est-ce qu'il te faut, maintenant?
— Des feuilles, un pot de colle.
— Regarde, Maman, une calculatrice-traductrice. C'est chouette!
— Oui. C'est pour les maths ou pour l'anglais?
— Euh, il me faut une calculatrice pour les maths. Mais une calculatrice-traductrice, c'est pratique pour l'anglais.
— C'est combien, mademoiselle?
— 80 euros.
— 80 euros! Oh là là! C'est pas possible! Et cette calculatrice-là?
— 20 euros.
— 20 euros? Bien. Alors, cette calculatrice.
— Mais, Maman... Et pour l'anglais?
— Eh bien, pour l'anglais... Tu as un diction-naire, non?
— Mais, une calculatrice-traductrice, c'est génial!
— Non, c'est trop cher.

— Eh, Maman, regarde ce sac vert. Il est super! Et tu sais, il me faut un nouveau sac.
— Oui. Pas mal. Mais cher. 33 euros! Moi, j'aime mieux ce sac-là, à 12 euros.
— Non! Il est horrible!
— Pourquoi?
— Je n'aime pas ce rouge.
— Ecoute, Julie, un sac, c'est un sac.
— Non. Je voudrais ce sac-ci.
— Moi, je n'achète pas un sac à 33 euros.
— Mais, Maman...
— Non, c'est non.
— Alors, j'aime mieux aller à l'école sans sac!

Pas question! (suite)

— Au revoir, Maman!
— Alors, vous avez toutes vos affaires?
— Oui, je crois.
— Tu n'as pas de sac, Julie?
— Non, je n'en ai pas besoin.
— Tu vois, il te faut un sac. Attends. Regarde. Tu n'aimes pas celui-là?
— Si, il n'est pas mal. C'est combien?
— 15 euros.
— Ah, c'est pas cher. En fait, il est super!
— Alors, tu commandes par l'Internet. Tu as le sac dans deux jours.
— Génial! Merci, Maman. Je fais la commande ce soir!
— Au revoir!

— Bonjour!
— Bonjour, Maman.
— Vous avez passé une bonne journée?
— Excellente.
— Comment ça va à l'école, Sarah?
— Ça va super bien!
— Dis, Maman, où est le catalogue?
— Là, à côté du téléphone.
— Tu as ta carte bancaire?
— Oui, tiens.
— Merci. Regarde. Tu n'aimes pas ce tee-shirt jaune? C'est pas cher, deux tee-shirts pour neuf euros.
— Ecoute, Julie. Tu as déjà plein de tee-shirts. Aujourd'hui, tu achètes le sac. Pour le tee-shirt, tu attends.
— Bon, bon...
— Zut! Tiens, Maman, ta carte.
— Merci. Alors, ça a marché?
— Non, il n'y en a plus.
— Dommage.
— Oui, je n'ai pas de chance.
— Qu'est-ce que tu vas faire?
— Je ne sais pas. Je vais faire les magasins.
— Bonne idée! Tiens. Voilà 20 euros.
— Merci, Maman. Tu viens, Sarah?
— Non, vas-y sans moi. Je suis fatiguée.
— O.K. Tiens! Qu'est-ce que c'est? 15 euros! Chouette! A tout à l'heure!
— A plus tard.
— Excusez-moi. Vous n'avez pas ce sac en noir?
— Oui, je crois. Le voici. C'est le dernier. Il est pas mal, non?
— Oui. Et pas cher. C'est bien 12 euros?
— Oui, oui.
— Bon, je le prends.
— Parfait. La caisse est par là.

— Merci. Au revoir.
— Au revoir.
— D'accord. Au revoir, Virginie. A demain.
 Alors, tu as ton sac?
— Oui, regarde.

— Mais, c'est le sac à 12 euros!
— Oui, il est bien en noir, non?
— Oui, pas mal.
— J'ai aussi acheté ce tee-shirt. Et ça, c'est pour toi.
— Qu'est-ce que c'est?
— Ben, regarde!
— Très joli! C'est pour moi?
— J'ai trouvé 15 euros dans ma poche. Alors...
 Tu l'aimes?
— Beaucoup. Merci, ma chérie.
— Et toi, merci pour le sac.
— Tiens, tu as un sac, maintenant?
— Oui, tu aimes?
— Il est chouette!
— C'est plus pratique avec un sac, non?
— Eh oui... Zut! Beaucoup plus pratique!

Panorama Culturel

We asked some francophone students what supplies they bought for the opening of school, **la rentrée.** Here's what they had to say.

Qu'est-ce qu'il te faut comme fournitures scolaires?

[**Séverine**] Alors, donc, pour l'école, j'ai acheté un nouveau sac à dos, des livres pour étudier, des vêtements, entre autres, des jeans, des chaussures, bien sûr et puis, bon, des tee-shirts, des jupes, des robes.

[**Onélia**] Il faut des classeurs, des cahiers, des crayons, des règles, des instruments de géométrie, une calculatrice pour les mathématiques, des feuilles... C'est tout.

[**Marius**] Pour l'école, il faut des règles, des bics, des stylos, des cahiers, des livres et la tenue.

[**Virginie**] Pour l'école, il faut acheter des cahiers, des stylos, une trousse, une règle, des livres.

[**Eva**] Pour l'école il faut acheter l'uniforme, le cartable, les ustensiles d'école.

[**Evelyne**] Pour l'école, bon... on doit avoir une trousse avec des crayons, des cahiers, des classeurs, des feuilles, et je pense que c'est bon. Et un sac.

[**Arnaud**] Des crayons, des cahiers, du papier et les livres.

[**Matthieu**] Pour l'école, il faut acheter des cahiers, des classeurs, des calculatrices, des stylos, des règles.

[**Jean-Christophe**] Pour l'école, il faut acheter des fournitures scolaires, tout l'essentiel pour travailler : des cahiers, un cartable, des stylos, toutes les fournitures.

Vidéoclips

Waterman

Waterman. «Graduate».

France Télécom - La réunion téléphonique

— Bon, il faut absolument qu'on se revoie avant le 23. Alors? Vous pouvez quand?
— Moi, c'est quand vous voulez, sauf le 21, j'ai une réunion à Nancy.
— Le 20.
— Très bien.
— Le 20.
— C'est bon pour tout le monde?
— Désolée, mais moi, je ne peux pas quitter Bordeaux ce jour-là!
— Ah.
— En affaires on passe beaucoup de temps à essayer de se voir même si tout le monde sait que le plus important est de s'entendre. Pourtant, avec la réunion-téléphone de France Télécom, on peut se réunir à cinq, à dix ou plus, et ce, sans se déplacer.
— Et le 21?
— Le 21, je ne peux pas.
— Et si vous communiquiez avec les outils d'aujourd'hui?
— Monsieur, la réunion peut commencer. Tout le monde est en ligne.
— Bonjour à tous. Et merci d'être à l'heure au rendez-vous.

La réunion-téléphone. Renseignez-vous. 05.36.05.36.

LOCATION OPENER:
Québec

Salut! Je m'appelle Emilie Tremblay. Je suis de Québec. Maintenant, je suis sur la Terrasse Dufferin. Derrière moi, c'est le château Frontenac. C'est super, non? Il y a beaucoup de choses à voir à Québec. Allez, viens!

Québec est une ville traditionnelle qui sait aussi être jeune et souriante. Les Québécois vivent au rythme du passé de leur ville où chaque maison a une histoire. L'histoire de Québec est présente à chaque coin de rue, sous des formes très variées et elle contribue au charme de la vieille ville. Les gens se promènent sur la terrasse Dufferin au pied du château Frontenac, un hôtel de luxe depuis 1893. Québec a une vie culturelle intense. La ville reçoit de nombreux visiteurs chaque année. Située au centre du Vieux-Quartier, la rue du Trésor et ses expositions d'art attirent beaucoup de touristes. Québec est une ville moderne, mais à peine sorti de la ville, on est déjà parmi les montagnes, les rivières, les lacs et les forêts.

CHAPITRE 4
Sports et passe-temps

Mise en train
Nouvelles de Québec

— Salut, Leticia! Comment ça va? Juste une petite lettre pour accompagner ces photos, une brochure sur le mont Sainte-Anne, une montagne près de Québec, et aussi une cassette vidéo sur Québec... et sur moi! Comme ça, tu as une idée des activités ici...
— Bonjour, Leticia! C'est moi, Emilie! Comment vas-tu? Moi, ça va super bien! Pour te parler de ma vie à Québec, j'ai envie de faire un vidéo pour toi. Mais d'abord, il faut que je te présente Michel. C'est un copain pas mal. Il fait ce vidéo avec moi. Tu viens, Michel?
— J'arrive.
— Salut, Leticia. Ça va? C'est l'fun, les Etats-Unis? Nous, on adore Québec. C'est génial. Il y a beaucoup de choses à faire. Qu'est-ce que tu fais comme activités à San Diego? Bon, à tout à l'heure. Salut!

— Eh oui, nous faisons beaucoup de choses à Québec!
— Au printemps, on joue au tennis.
— En été, on fait du vélo.
— En automne, on fait de l'équitation et du parapente.
— Et en hiver, on fait du patin et bien sûr, on fait du ski. C'est parfait ici pour le ski. Il neige de novembre jusqu'en avril!
— Ça, c'est le Centre Communautaire Lucien Borne. C'est un centre fantastique! Tous les samedis, je viens ici. Il y a beaucoup de choses à faire. Allez, viens!
— Ici, on joue au basket, au volley-ball. On fait de la natation, de la danse, de la musique, du théâtre et des arts plastiques : de la peinture, de la céramique et beaucoup d'autres. Moi, je fais du vidéo. J'aime beaucoup ça.
— Souvent, nous aimons rencontrer des copains au café. La Bouille, c'est notre café préféré.
— Tiens, François et Marie!
— Salut!
— Bonjour!
— Il fait mauvais, hein?
— Oui, et il y a du vent.
— Normal, c'est l'automne.
— Salut Michel! Qu'est-ce que vous faites, vous deux?
— On fait un vidéo pour une copine américaine. C'est pour lui montrer ce qu'on fait à Québec.
— Eh, c'est une bonne idée.
— Elle s'appelle comment?
— Leticia.
— Salut, Leticia!
— *Hi!*
— Et vous? Qu'est-ce que vous faites, cet après-midi?
— Moi, je danse.
— Et moi, je joue au basket.
— Vous avez faim?
— Oui. On mange, Michel?
— C'est une bonne idée.
— A tout à l'heure, Leticia. On mange et puis après, on continue le vidéo. Tu vas voir, nous faisons beaucoup d'autres choses à Québec. Qu'est-ce qu'on fait? Eh bien, patience! Et à bientôt!

Nouvelles de Québec (suite)

— Salut Leticia! Nous revoilà. Est-ce que tu connais Québec? Non? Alors, Michel et moi, nous allons te montrer la ville. Voici Québec. Et tu sais comment s'appelle ce fleuve? C'est le Saint-Laurent. C'est joli, hein?

— Ça, ce sont les fortifications de Québec. On fait souvent des promenades ici. Et ça, c'est la porte Saint-Jean. Voilà les plaines d'Abraham. Ici, on fait du jogging, on joue au football, et quand il fait beau, c'est parfait pour les pique-niques.

— Maintenant, nous sommes dans le centre de Québec. Ce quartier s'appelle le Petit-Champlain. J'aime beaucoup cette rue.

— D'habitude, la fin de semaine, je fais les magasins. Et voilà! C'est l'fun à Québec. Tu aimes?

— Emilie et moi, on va aller voir un match de hockey. C'est le sport national du Canada.

— Salut! Nous voilà au mont Sainte-Anne.

— Aujourd'hui, Emilie et moi, nous faisons du vélo de montagne. C'est super cool!

— Tu vois, le Québec, c'est très beau!

— On est là. A bientôt, Leticia.

— Salut!

— Au mont Sainte-Anne, on fait beaucoup de sports et en automne, c'est parfait pour faire des randonnées.

— Et en hiver, quand il fait froid et qu'il neige, le mont Sainte-Anne, c'est idéal pour le ski.

— Moi, je n'aime pas faire du ski. Quand il fait froid, je préfère regarder le ski à la télévision. Mais aujourd'hui il fait frais, non?

— Très frais.

— On fait une pause?

— O.K.

— Eh, Emilie! On y va?

— Allons-y! Tiens, Michel.

— Au revoir!

— Moi, j'adore la musique. Tu vois, François, lui, il joue de la guitare et moi, je joue du piano. Et toi, Leticia, tu fais de la musique?

— Nous, nous faisons de l'équitation. J'adore les chevaux. Tu aimes ça, toi? Ce cheval s'appelle Fantôme. Il est très gentil. Comment s'appelle ton cheval, Marie?

— Il s'appelle Goliath.

— Tu es prête?

— Oui.

— Alors, allons-y!

— D'accord.

— On joue parfois au tennis, en particulier au printemps et en été.

— Pas mal, ta raquette.

— C'est la raquette de mon père.

— Pile ou face?

— Face.

— Ton service.

— Tu es prêt?

— Vas-y.

— Ah, c'est drôle, hein! Ne regarde pas, Leticia. Coupe, Emilie!

— Tu vois, on ne s'ennuie pas. Ce qu'on aime surtout, c'est faire du patin. Là, c'est la patinoire. On fait souvent du patin ici. Surtout en hiver. Allez, viens!

— Bon après-midi!

— Merci.

— Deux billets s'il vous plaît. C'est combien?

— Quatre dollars et demi.

— Voilà.

— Cinq, six, huit et dix.

— Merci!

— Bon après-midi!

— Tu viens, Michel? J'ai ton billet.

— Un billet, s'il vous plaît.

— Et voilà la patinoire. Tu aimes faire du patin? C'est pas facile, hein, le patinage?

— Allez! Vas-y, Michel! Patine!

— Patine! Patine! T'es drôle, toi! Ça glisse!

— Allez! Fais-le pour Leticia.

— Regarde bien, Leticia. Ici, à Québec, on adore faire du patin.

— Bravo! C'est bien! Continue!

— Ça va, Michel?

— Eh, ça va bien, jeune homme?

— Ça va très bien. Merci. Nous faisons un vidéo.

— Ah, vous faites du cinéma! J'aime bien le cinéma.

— Nous faisons un vidéo pour montrer les activités à Québec.

— Ah? C'est pour l'école?

— Non, non. C'est pour une copine américaine.

— Ah, j'aime bien les Américains.

— Elle s'appelle Leticia.

— Bonjour, Leticia!

— Est-ce que je peux vous poser quelques questions?

— Bien sûr.

— Qu'est-ce que vous faites comme sport?

— Comme sport? Bien, je fais du patin. Je joue au hockey, au tennis. En hiver, je fais du ski alpin.

— Et en été?

— En été? De la planche à voile, de la natation, de la voile. J'aime bien aussi le vélo!

— Vous faites beaucoup de sport!

— J'adore ça. C'est bon pour la santé.

— S'il vous plaît, monsieur, pouvez-vous nous filmer?

— Bien sûr. Comment on fait?

— C'est facile. Regardez.

— Voilà, Leticia. J'espère que tu aimes ce vidéo. Comment tu trouves le Québec? C'est super, hein? Si tu veux, fais-nous un vidéo sur San Diego. Je ne connais pas. J'aimerais bien connaître.

— Salut Leticia! A bientôt, à Québec.

Chapitre 4 *cont.*

— Au revoir!
— Leticia! *Come to the table!*
— J'arrive, Maman!
— *What did you say, m'hija?*
— *I'm coming, mother!*

Panorama Culturel

What sports do you play? Where do you go to practice them? We asked some young people about their favorite sports. Here's what they had to say.

Qu'est-ce que tu fais comme sport?

[Marius] Je fais beaucoup de sport, mais surtout le football. Je fais le football et le skate, le patin à roulettes et puis, j'aime aussi le tennis.

[Aljosa] Comme sport, j'aime bien faire du tennis. J'aime bien aller à la piscine, voilà. J'aime bien le bowling.

[Mélanie] Avec mes amies, moi, je fais beaucoup de sport. J'en fais tout le temps. Je fais partie de l'équipe interscolaire de volley-ball et de badminton de l'école, des deux équipes. Je fais de la natation. Je fais du patinage. Je fais de la course. Je fais plein d'affaires. Je fais du tennis aussi souvent l'été. L'hiver, je patine.

[Matthieu] Je fais du volley, du squash et un petit peu de cheval.

[Patricia] Je suis une très petite joueuse de volley-ball. Je ne suis pas grande mais je joue bien, voilà.

[Stéphanie] Je fais du tennis, de la natation, de la course de vitesse.

[Eva] Comme sport, je fais le saut en hauteur.

[Lily-Christine] Je fais du badminton, du patinage de vitesse, puis un petit peu de soccer.

[Cinthia] Les sports que j'aime faire sont la natation et le basket.

[Antoine] Je fais du golf et un peu de tennis.

[Olivier] J'aime la natation. J'aime beaucoup aller à la mer pour nager, me relaxer, me dorer au soleil. J'aime aussi le volley-ball, le badminton. J'aime pas le football par contre et... ni le basket.

[Claire] Comme sport, je fais du tennis et du trampoline.

[Richard et Yannick] J'adore le volley-ball!

Vidéoclips

Noky

— Noky fait des mouchoirs en papier.
— Je ne pleure jamais... hé! hé! hé!
— Noky fait des essuie-tout.
— Je ne renverse jamais rien.
— Noky fait du papier-toilette; et toc!
— Pas un jour sans Noky.

Casino

Casino, c'est comme les gens. Il y en a des petits, des moyens et des grands; et il y a ceux qui y vont parce que c'est le printemps, d'autres parce que c'est l'été, parce que c'est demain dimanche, parce qu'ils ont des enfants ou parce qu'ils ont une maman, parce que c'est ouvert tard le soir, ou parce qu'ils n'ont plus un radis. Parce qu'ils ont un bon appétit, parce qu'il y a des aspirateurs, du cassoulet comme à Castelnaudary, et des babas au rhum. Parce qu'il y a des soldes, parce que c'est à la mode. Alors, puisque tout le monde y va. Si on allait faire un tour chez Casino?

LOCATION OPENER: Paris

Bonjour! Je m'appelle Thuy. On est maintenant à Paris, dans le parc Montsouris. Quand il fait beau, comme aujourd'hui, il y a beaucoup de jeunes ici. Ils étudient, ils jouent de la musique. De temps en temps, il y a des concerts. Tu vas voir. Paris est une ville extraordinaire! Allez, viens!

On dit que Paris est la plus belle ville du monde. A Paris, si certains se relaxent le long des quais, dans les parcs.... ou dans les cafés, d'autres préfèrent visiter les monuments comme, par exemple, l'Hôtel de ville, le Sacré-Cœur, les Invalides, la place Vendôme et l'Arc de triomphe sur l'avenue des Champs-Elysées. Le bateau-mouche est un excellent moyen pour voir Paris. On peut voir les plus beaux monuments qui sont situés le long de la Seine : le musée d'Orsay, la cathédrale Notre-Dame, la Conciergerie, l'Assemblée nationale ou le pont Alexandre III. Et voici la tour Eiffel qui domine la ville. Cette statue de la Liberté est une miniature de la statue de New York. On peut aussi traverser Paris en métro, en bus, ou en automobile si on aime la circulation dense comme sur la Place de la Concorde. L'obélisque de Louxor vient d'Egypte, mais pas cette pyramide de verre. C'est l'entrée du musée du Louvre. Ces mélanges controversés de moderne et d'ancien contribuent au charme de Paris.

CHAPITRE 5
On va au café?

Mise en train
Qu'est-ce qu'on prend?

— Qu'est-ce qu'on fait maintenant?
— On va au café?
— Bonne idée! J'appelle Sébastien.
— Allô? Sébastien? Salut. C'est Chloé. Dis, on va au café. Tu viens avec nous?
— Désolé. Je ne peux pas.
— Allez, viens!
— Non, non. J'ai des devoirs à faire.
— Bon. A plus tard, alors.
— Oui. Salut.
— Sébastien ne peut pas venir avec nous. Il a des devoirs à faire. Bon. On y va?
— Qu'est-ce que vous prenez?
— Je vais prendre une menthe à l'eau.
— Euh... je ne sais pas.
— Moi, je vais prendre une glace.
— Monsieur, vous avez une carte, s'il vous plaît? Merci. Moi, j'ai faim.
— C'est combien, les coupes Melba?
— Trois trente-cinq.
— Alors, qu'est-ce que tu prends?
— Thomas, laisse-la regarder!
— Vous avez choisi?
— Apportez-moi une menthe à l'eau, s'il vous plaît.
— Moi, je vais prendre une coupe Melba et une bouteille d'eau minérale, s'il vous plaît. Et toi, Chloé?
— Euh, je ne sais toujours pas.
— Si vous voulez, je reviens dans une minute.
— Non, restez, je vais choisir. Mmm... Vous avez des pizzas?
— Non, je regrette. Nous n'avons pas de pizzas.
— Tu aimes le fromage?
— Oui.
— Prends un croque-monsieur.

— D'accord. Un croque-monsieur pour moi, s'il vous plaît!
— Bien. Un croque-monsieur. Et comme boisson, qu'est-ce que vous prenez?
— Qu'est-ce que vous avez comme jus de fruit?
— Nous avons du jus d'orange, du jus de pomme...
— Un jus d'orange, s'il vous plaît.
— Parfait. C'est tout?
— Euh, non... attendez. Une coupe Melba pour moi aussi, s'il vous plaît.
— Tiens, tu as faim, maintenant?
— Non, mais je suis gourmande.
— Vous avez tout?
— Oui, je crois. Merci.
— Une coupe Melba, une coupe Melba, une menthe à l'eau, une eau minérale, un croque-monsieur et un jus d'orange. Bon appétit!
— Merci.
— Mmm, délicieux!
— Monsieur! L'addition, s'il vous plaît.
— Tout de suite.
— Eh, je ne trouve pas mon porte-monnaie! Je n'ai pas d'argent!
— C'est pas vrai!

Qu'est-ce qu'on prend? (suite)

— Voilà.
— Ça fait combien?
— 19, 50.
— Je suis désolée.
— Moi, j'ai dix euros. Tu as combien, Cécile?
— Moi, j'ai huit euros. Ça fait 18. Il nous manque un euro cinquante. Alors, qu'est-ce qu'on fait?
— Je ne sais pas. Chloé va faire la vaisselle.
— Oh! Excusez-moi, j'ai un problème. Celle-ci n'est pas la bonne.
— Oh, pardonnez-moi, c'est l'addition des jeunes gens.
— *Ah, you see.*
— Je reviens.
— Excusez-moi, vous n'avez pas la bonne addition. Je me suis trompé. Voici la bonne addition.
— Voilà, messieurs-dames.
— Merci. *Ah! That's more like it.*
— Qu'est-ce qu'il y a?
— Ça fait combien?
— 21 euros.
— Hein?!
— C'est encore plus?! Il manque trois euros maintenant!

— Je suis vraiment désolée.

— T'en fais pas. Alors, qu'est-ce qu'on fait?

— Je ne sais pas.

— Il fait chaud, hein?

— Oui, très chaud.

— Vous êtes anglais?

— Non, américains. Nous avons un petit problème. Est-ce que vous pouvez nous aider?

— Bien sûr.

— Comment est-ce qu'on va à la tour Eiffel d'ici?

— La tour Eiffel? Oh, c'est loin. Il faut prendre le métro.

— Non, c'est *very* simple. Vous... *take the bus,* là *at* l'Odéon-St. Germain. *After* vous sortez à Champ-de-Mars.

— Champ-de-Mars.

— *Did you get it?*

— *I think so.* Mais vous pouvez parler français.

— C'est très facile. Vous prenez le bus numéro 87, là, et vous sortez à Champ-de-Mars.

— Ah, d'accord. Très simple. Merci beaucoup.

— Monsieur, on... on a un petit problème. Enfin... C'est-à-dire que...

— Le problème, c'est qu'il nous manque trois euros.

— Il vous manque trois euros?

— Oui, j'ai perdu mon porte-monnaie et...

— Et alors, qu'est-ce que vous allez faire?

— Ben, on ne sait pas.

— Tenez. Voilà trois euros.

— Mais non, monsieur. C'est très gentil...

— Non, ne vous en faites pas.

— Mais, on, on ne veut pas...

— Merci. Madame, monsieur, bonsoir.

— Trois euros, ce n'est pas beaucoup. Mais en échange, est-ce que vous pouvez nous prendre en photo?

— Bien sûr! Attention... Souriez.

— Merci.

— Merci à vous.

— Au revoir.

— Au revoir. Bonne visite!

— Au revoir et merci encore!

— *Bye-bye.*

— Bon! On y va?

— On y va!

— Eh, les copains! Voilà mon porte-monnaie!

— Mais, c'est pas vrai!

— Il était par terre.

— Eh ben, c'est parfait. Monsieur! Je vais prendre un banana split!

— Deux banana split!

— Pourquoi pas trois banana split?

Panorama Culturel

Where do you go to meet with your friends? Here's what some francophone students had to say about where they go and what they do.

Où retrouves-tu tes amis?

[Déjan] J'aime bien aller au café après l'école. On va jouer un peu au baby, au flipper et après, je rentre chez moi faire les devoirs. On a un parc à côté de chez nous et on rencontre tous nos amis.

[Clémentine] Nous allons dans des cafés ou chez d'autres amis. Quand il fait beau, à la piscine. Ça dépend du temps qu'il fait.

[Armande] Je vais à la maison, soit chez moi, ou bien chez eux. Ou bien on va à l'Alocodrome. On va prendre un peu d'aloco, puis on revient à la maison.

[Elisa] Euh, je les rencontre au café, ou on fait des sorties au cinéma, ou en ville. On se promène en ville.

[Séverine] Eh bien, il y a beaucoup de clubs de sport ici; il y a aussi des clubs de danse, entre autres aussi pour les filles. Certains jeunes peuvent faire aussi du théâtre, sinon, il y a le cinéma, il y a des lieux où certains mercredis après-midi, les jeunes se regroupent pour discuter.

[Sébastien] Avec mes amis, j'aime aller au cinéma ou bien faire du sport, du foot, du basket et autres.

[Caroline] Je rencontre mes amis dans le centre-ville, au cinéma.

[Céline] Pour me rencontrer avec les amis, on va souvent dans les cafés à Aix, puis, voilà.

[Pauline] On va chez les uns, chez les autres, ou bien dans des cafés.

[Yvette] Je vais souvent chez elles. Elles aussi elles viennent chez moi. On marche un peu; on prend la route de l'école. Des trucs comme ça.

Vidéoclips

Badoit

— Badoit, l'eau pétillante et légère.

— Ba-dou-a

Chapitre 5 *cont.*

— Badoit, l'eau des digestions légères.
— Ba-ba-dou-a

Orangina

Une bouteille d'Orangina doit être franchement secouée pour bien mélanger la pulpe d'orange. Orangina, la petite bouteille ronde.

CHAPITRE 6
Amusons-nous!

Mise en train
Projets de week-end

— Salut, Isabelle. Comment vas-tu?
— Ça va. Et toi?
— Ça va bien. Dis, qu'est-ce que tu vas faire demain?
— Oh, pas grand-chose. Le matin, je vais aller à mon cours de danse. Et l'après-midi, je vais faire les magasins. Il me faut des baskets pour la gym. Mais le soir, je suis libre. Et toi?
— Il y a un concert super à Bercy : Patrick Bruel. J'aimerais bien y aller. Tu veux venir avec moi?
— Oh non, je n'ai pas envie d'aller à un concert.
— Ah, dommage. Et dimanche après-midi, tu es libre?
— Dimanche? Oui, je n'ai rien de prévu.
— On peut faire quelque chose?
— Si tu veux.
— Tu veux aller au zoo?
— Ah non, je déteste les zoos.
— Pourquoi? J'y vais souvent. C'est sympa. Il y a des lions, des éléphants...
— Pour voir des lions et des éléphants, je préférerais aller en Afrique!
— Alors, allons au Louvre! Il y a une nouvelle exposition grecque.
— Non, je n'aime pas trop les musées. C'est la barbe.
— Mais non! C'est intéressant. Qu'est-ce que tu veux faire, alors?
— Je ne sais pas. S'il fait beau, on peut faire une promenade au Palais de Chaillot. On peut même monter au sommet de la tour Eiffel!
— Bof.
— Tu n'aimes pas ça?
— Non, c'est pas marrant. Le Palais de Chaillot, on y va tous les week-ends. Et la tour Eiffel, c'est pour les touristes. Tu n'as pas quelque chose de plus intéressant?

— J'ai une idée! Tu ne veux pas aller faire un tour dans un bateau-mouche?
— Ah ça, non. C'est pas terrible.
— On va au Sacré-Cœur?
— Non, je n'ai pas envie.
— Bon, eh bien, qu'est-ce qu'on fait?
— On peut tout simplement aller au cinéma. Tu veux?
— D'accord. Je veux bien.
— Attends. J'ai le *Pariscope*®.
— Qu'est-ce que tu veux voir comme film?
— Moi, je propose *Dracula*®. Ça passe à 16h40 et à 18h55.
— Oh non, je n'aime pas les films d'horreur. Je préfère aller voir un film comique.
— Ah non! Encore un film comique?!
— Pourquoi pas? Qu'est-ce que tu veux voir, alors?
— Tu sais, c'est bizarre. On n'est jamais d'accord!

Projets de week-end (suite)

— Alors, qu'est-ce qu'on va faire?
— Eh! J'ai une idée! Pourquoi ne pas aller voir un film classique? Il n'y a pas un film de Truffaut? J'adore!
— Moi aussi. Attends... Oui, *L'Argent de poche*® passe au cinéma Cinoche.
— A quelle heure?
— A 14h10, à 16 h et à 17h50.
— Je préfère 16 h.
— Moi aussi.
— Comment on fait?
— Eh bien, rendez-vous devant le cinéma à quatre heures moins dix. Ça te va?
— Ça me va.
— Tiens, voilà Simon. On pourrait l'inviter, lui aussi. D'accord?
— Bonne idée.
— Salut, Simon.
— Bonjour, Simon!
— Comment ça va?
— Ah, pas terrible!
— Qu'est-ce qu'il y a?
— J'ai plein de boulot. J'ai un devoir de maths à faire pour lundi.
— Pas de chance. Dis, qu'est-ce que tu fais dimanche après-midi?
— Dimanche après-midi? Je travaille.
— Tu ne veux pas venir au cinéma avec nous?
— J'aimerais bien venir, mais c'est impossible. J'ai trop de boulot.
— Allez! Tu peux faire ton devoir de maths après le film.
— Non, désolé, je ne peux pas. J'ai aussi un

devoir de géo pour mardi et un devoir de français pour mercredi!

— Eh bien! Tu n'as vraiment pas de chance.

— Merci quand même. A lundi.

— O.K. Salut.

— Au revoir!

— Salut!

— Salut!

— Salut, Thuy. Comment vas-tu?

— Ça va. Et toi?

— Pas mal. Dis, qu'est-ce que tu fais dimanche?

— Euh... rien de spécial.

— On va au cinéma. Tu veux venir avec nous?

— Qu'est-ce que vous allez voir?

— On va voir *L'Argent de poche.*

— Oh non, je n'aime pas ce genre de film. J'aime mieux les films d'action, les films américains. J'ai très envie de voir *Jurassic Park®.*

— Si tu veux.

— O.K. Où est-ce qu'il passe?

— Une seconde... Alors, il passe au cinéma Convention à 16h30.

— Rendez-vous à quatre heures et quart devant le cinéma. D'accord?

— Ça marche pour moi.

— Moi aussi.

— Ah! J'ai oublié. J'ai un match de volley-ball à trois heures.

— Et alors, à quelle heure est-ce que tu peux y aller?

— Oh, vers 6 h. Pas avant. C'est bête, j'ai très envie de venir avec vous.

— Attends. Il passe aussi à 18h45.

— Bon. C'est d'accord pour 18h45.

— Alors, rendez-vous devant le cinéma à six heures et demie?

— D'accord.

— Ça va? Je ne suis pas en retard?

— Non, ça va. Le film commence dans dix minutes.

— Tiens, voilà Isabelle!

— Ah, salut, Isabelle!

— Dis, Mathieu, je ne vois pas *Jurassic Park.* Il ne passe pas. Tu es sûr que c'est dans ce cinéma qu'il passe?

— Oui, bien sûr.

— Tu as le *Pariscope?*

— Oui. C'est bien au cinéma Convention.

— Regarde la date.

— Ah que je suis bête! C'est le *Pariscope* de la semaine dernière!

— Oh, non!

— Eh bien, on peut voir *Quatre mariages et un enterrement®... Grosse fatigue®.*

— Oh, non. Je n'ai pas envie.

— Moi non plus.

— Alors, qu'est-ce qu'on fait?

— J'ai une idée. Il fait beau. Pourquoi est-ce qu'on ne va pas faire une promenade au jardin du Luxembourg?

— Ah oui! Je veux bien.

— Et toi, Mathieu? Tu viens?

— C'est une excellente idée, Thuy.

— Alors, qu'est-ce que vous faites le week-end prochain?

— Je ne sais pas.

— On peut aller au cinéma?

— O.K., mais cette fois, j'achète le *Pariscope!*

Panorama Culturel

When you go out with your friends, where do you go? What do you do? We asked some French-speaking students what they like to do on weekends with their friends. Here's what they said.

Qu'est-ce que tu fais quand tu sors?

[Julie] Quand je sors, je me balade. Je vais manger un peu. Souvent, on va jouer de la musique. Bon, on joue au tennis souvent, au basket aussi.

[Arnaud] Je vais au cinéma. Je vais dans une discothèque. J'achète des disques.

[Céline] Je vais à la patinoire, ou faire les boutiques, ou au restaurant..., enfin, dans les fast-foods, et... ou alors je vais faire du sport, du tennis. Je vais nager.

[Emmanuel] Ben, quand on sort, on va souvent au cinéma, ou alors on va... on va chez des copains faire des sorties comme ça. C'est entre copains, quoi, c'est... c'est sympa, quoi. On s'éclate. On s'amuse.

[Léna] Je vais dans des cafés; je vais au cinéma, à la piscine; je vais voir des pièces de théâtre.

[Elodie] Je vais à Paris, au cinéma... me balader.

[Frédéric] Au niveau des jeunes, nous allons en boîte, mais nous ne restons pas souvent en famille, parce que... on trouve que rester en famille, c'est rébarbatif.

[Aminata] Quand je sors en général, je ne m'éloigne pas trop de la maison. Je reste aux alentours avec mes camarades, mes copines. On bavarde un tout petit peu. Puis, je rentre à la maison.

[Marieke] Alors, quand je sors, je vais au cinéma souvent, je vais faire... Des fois, on va faire du sport, un tennis, ou on va à la piscine ensemble et parfois, on fait un bowling ou du billard.

[Matthieu] Nous aimons aller au cinéma ou... ou voir des... des groupes de musique.

[Evelyne] Quand je sors, je vais souvent au cinéma, ou alors chez mes amis, et ils viennent des fois à la maison.

[Onélia] Je vais au cinéma, à la piscine quand il fait beau. Et je vais... On se retrouve chez d'autres amis.

[Louise] En ville, je vais au cinéma, voilà... cinéma, je me balade.

Vidéoclips

Panach'

— Panach', Panach', Panach', Paris sera toujours Paris! Panach', Panach', Panach', Panach' sera toujours Panach'!
— Des CD gratuits à vie, ça vous dit? Alors, vite! Rendez-vous sur les packs de Panach'!

Folie's de Danone

Actua Folie's. Arrivée de la première traversée atlantique Paris-New York. Alors qu'il est ovationné par des milliers d'admirateurs, Lindenbergh constate avec dépit qu'il n'y a pas de Folie's au buffet. Il décide de repartir immédiatement vers Paris. Folie's de Danone, est-ce bien raisonnable?

CHAPITRE 7
La famille

Mise en train
Sympa, la famille!

— Salut, Thuy.
— Salut. Ça va?
— Très bien. Et toi?
— Super.
— Entre. Je te présente mon père... Papa, je te présente Thuy, une copine d'école.
— Enchanté. Vous allez bien?
— Oui, merci.
— Bien. A tout à l'heure, Papa.
— Vous sortez?
— Non. On va dans ma chambre.

— D'accord. Bon après-midi.
— A plus tard, monsieur.
— Salut.
— C'est mon frère Alexandre qui joue du saxophone.
— Euh... C'est pas mal.
— Il adore jouer. Mais moi, je n'aime pas tellement.
— Tu peux fermer la porte, s'il te plaît, Isabelle?
— Merci.
— Et voilà ma chambre.
— Eh, c'est super, chez toi.
— Tu aimes?
— Oui. Tiens, j'adore regarder les photos. Je peux les voir?
— Bien sûr!
— Qui est-ce?
— Là, ce sont mes grands-parents.
— Ils ont l'air sympas.
— Oui, ils sont heureux sur cette photo. Ils fêtent leur quarantième anniversaire de mariage.
— Et là, ce sont tes parents?
— Oui. C'est une photo de Papa et Maman.
— Là, c'est mon oncle et ma tante. Le frère de ma mère et sa femme. Et au milieu, ce sont leurs enfants, mes cousins.
— Ils sont gentils?
— Oui. Très sympas. Ils habitent tous en Bretagne. Ça, c'est Loïc.
— Il est mignon. Il a quel âge?
— Il a 18 ans. Et elle, c'est ma cousine, Patricia. Elle est très intelligente. En maths, elle a toujours 18 sur 20!
— Comment s'appelle-t-elle, la petite fille aux longs cheveux bruns?
— C'est Julie. Elle a huit ans. Elle est adorable. Tiens, là, c'est moi. Quel amour de bébé, n'est-ce pas?
— C'est toi? Tu es super mignonne. Tu as quel âge sur cette photo?
— Oh, je suis toute petite... peut-être un an et demi.
— C'est amusant. Tu es blonde là, mais tu es brune maintenant.
— Châtain plutôt.
— Et là, qui est cette femme?
— C'est ma tante du côté de mon père. Elle s'appelle Véronique. Ça, c'est son chat, Musica. Elle adore les animaux. Elle a aussi deux chiens!
— Et là, c'est qui, ce garçon? C'est Alexandre?
— Oui. C'est mon frère, Alexandre.
— Il a quel âge?
— Il a 11 ans.
— Il a l'air sympa.
— Euh, je ne sais pas.

— Comment? Tu ne trouves pas?

— Si, mais il est parfois pénible. Et toi, tu n'as pas de frères ou de sœurs?

— Non. Je suis fille unique.

— Tu as de la chance.

— Pourquoi?

— Oh, tu sais, entre frères et sœurs, quelque-fois, il y a des problèmes.

Sympa, la famille! (suite)

— Isabelle! Où est mon CD?

— Dis, tu ne peux pas frapper à la porte avant d'entrer?

— Mon CD, il est où?

— Tu peux dire bonjour aussi. Thuy, je te présente mon frère, Alexandre.

— Euh... Bonjour.

— Salut. Ça va?

— Ça va. Alors, où est mon CD?

— Quel CD?

— Vanessa Paradis.

— Je ne sais pas. Il est peut-être dans ta chambre.

— Non, il n'y est pas.

— Ecoute... je ne sais pas où il est, moi! O.K. Attends une seconde. Eh, Alexandre! Tu sais que tu es vraiment pénible! Le voilà, ton CD! Il était toujours dans la chaîne stéréo!

— Merci.

— Désolée.

— Eh bien, tu as raison, il est spécial, ton frère!

— Eh oui... Tu sais, c'est ça, la vie de famille!

— Eh! Ma plante! Alexandre! C'est toi qui as renversé ma plante?

— Quelle plante? C'est pas moi! Je n'ai rien fait!

— Qu'est-ce que vous faites, bon sang? Je ne peux pas lire!

— C'est Alexandre. Il a renversé ma plante!

— Mais non! C'est pas vrai!

— Ah, oui? Alors, qui l'a fait?

— Je n'en ai aucune idée, moi!

— Milou! C'est toi qui as renversé ma plante!

— Qui est-ce?

— Il est quelle heure?

— Quatre heures.

— C'est ma sœur Véronique.

— Tiens! Salut, Véronique!

— Bonjour, Raymond. Comment vas-tu?

— Ça va. Entre...

— Bonjour, Tatie.

— Bonjour, Isabelle.

— Bonjour, Tatie.

— Bonjour, Alexandre.

— Alors, ça marche, le saxophone?

— Oui, ça va.

— Thuy est une amie d'Isabelle. Véronique est ma sœur.

— Bonjour, madame.

— Bonjour, Thuy.

— Qu'est-ce que c'est?

— Ça, c'est une surprise! Tenez, regardez.

— Oh, un petit chaton.

— Montre. Oh, qu'il est mignon. Regarde, Thuy.

— Il est vraiment adorable.

— Viens voir, Papa.

— Tu sais, moi, les chats, je... j'aime pas beaucoup.

— Je peux le prendre?

— Bien sûr. Ce chat est à vous maintenant. Musica a eu six petits chatons. Ce petit est pour vous, les enfants.

— Hein?! Véronique, tu reprends tout de suite ton chat!

— Mais Josette ne t'a rien dit?

— Non.

— Mais les enfants l'adorent!

— Oui, mais je veux pas de chat ici!

— Mais regarde comme il est mignon!

— Ben, oui...

— Il a quel âge?

— Deux mois.

— Donne-le-moi, Alexandre.

— Attends.

— Mais, c'est mon chat aussi!

— Est-ce que je peux le prendre?

— Oui. Tiens.

— C'est vraiment un amour.

— Alors, Papa, c'est d'accord pour le chat?

Panorama Culturel

Do you have pets? What are their names? We talked to some French-speaking people about their pets. Here's what they had to say.

Tu as un animal domestique? Il est comment?

[Olivier] Oui, j'ai un animal à la maison, un chien. Son nom, c'est Chopine. C'est un chien croisé d'une mère berger allemand et d'un père errant. Il n'est pas trop gros, vivant; il aime beaucoup s'amuser et beaucoup manger aussi.

[Onélia] J'ai un chat. Il s'appelle Fabécar. Il a trois ans; c'est un mâle. On le voit assez rarement. On le voit seulement quand il veut manger, sinon il se promène dans les jardins. Il est très affectueux.

[Marie-Emmanuelle] J'ai un cheval. Il est grand. Il fait 1 mètre 78 au garrot. Il est brun.

Il s'appelle Viêt. Et on fait des balades à cheval.

[Bosco] Oui, j'ai des animaux à la maison. J'ai un perroquet qui s'appelle Jacko, et un chat qui s'appelle Sylvestre.

[Céline] Oui, j'ai un chien, deux chats et deux poissons rouges.

[Antoine] Euh, non, j'en ai eu. J'ai eu des tortues, des poissons, des hamsters... Mais non, c'est tout. Là, j'en ai plus.

[Emmanuel] Oui, j'ai quatre chiens. Ils sont assez grands, et puis j'ai un petit bébé.

[Yvette] J'ai un chien qui s'appelle Blacky. Il est encore chiot.

[Isabelle] C'est un chat siamois. Il a les yeux bleus. Il s'appelle Tiboule et il est très agressif.

[Céline] Mon chien, il s'appelle Indy. C'est un berger des Pyrénées. Il est, enfin... Il est... Il bouge beaucoup... très exubérant. Il est jaloux.

[Matthieu] Mon chien est relativement grand, noir et... avec des poils longs.

[Marie-Laure] Alors, j'ai deux chattes qui sont tricolores, et puis j'ai des chevaux qui sont bais brun foncé.

[Virginie] Alors, j'ai un chien. Il est petit, noir. Il s'appelle Vanille, et puis il est très gentil. Voilà.

Vidéoclips

César

Ressentir les mêmes émotions. Tout partager. C'est ça, le véritable amour. En amour, il y a aussi les gestes de tous les jours. Comme César. César, c'est plus qu'un bon repas. César, c'est la plus tendre des déclarations.

Jockey

— Maman, c'est toi la plus belle du monde.
 Aucune autre à la ronde n'est plus jolie.
 Tu as pour moi le visage d'un ange.
— La tendresse, c'est bon comme un jockey.

LOCATION OPENER: Abidjan

Salut! Je m'appelle Alidou. Nous sommes à Abidjan, la capitale de la Côte d'Ivoire, en Afrique. Ça, c'est la lagune Ebrié. C'est joli, non? Abidjan est une grande ville moderne. Il y a des gratte-ciel, des cinémas, des marchés. C'est une ville très animée. Allez, viens!

Abidjan est une ville de contrastes. Où la tradition africaine et la vie moderne se mélangent à chaque instant dans les couleurs des batiks et les bruits de la rue d'une grande ville. Abidjan a la particularité d'être construite au bord d'une lagune. Ce n'est plus la capitale, mais elle reste la ville la plus importante de Côte d'Ivoire. Il y a la très moderne cathédrale Saint-Paul et le Plateau, le centre du commerce ivoirien... Avec le port d'Adjamé, la Côte d'Ivoire est un des plus grands producteurs de bois précieux du monde. Mais le vrai cœur d'Abidjan, c'est le quartier de Treichville. On est immédiatement frappé par le mélange de couleurs, de sons et d'arômes. Abidjan a gardé ses traditions et reste une ville profondément africaine.

CHAPITRE 8
Au marché

Mise en train
Une invitée pour le déjeuner

— Encore du pain, Aminata?
— Non, merci. Je n'ai plus faim. Tu prends de la confiture?
— Oui, s'il te plaît. Je pense faire du foutou avec de la sauce arachide pour le déjeuner.
— Ah bon? Il te faut quelque chose?
— Je ne sais pas. Voyons... On a déjà de la pâte d'arachide... On a des ignames... Bon, je vais faire une liste pour Djeneba.
— Tiens, te voilà, Djeneba. Tu me fais le marché?
— Volontiers! Qu'est-ce qu'il te faut?
— Il me faut du riz, des légumes, du poisson... Tu me rapportes aussi du pain. Voici une liste. Eh! Prends de la pâte de tomates.
— Bon, d'accord.
— N'oublie pas les cubes bouillon.
— Oui, Maman.
— Maman, je suis de retour.
— Merci, chérie.
— Voilà le poisson, les 250 grammes de pâte d'arachide, les oignons, les tomates, et les citrons. J'en ai pris trois. Ils sont très beaux. J'ai aussi acheté un paquet de beurre, de la pâte de tomates, du pain et du riz.
— Bien... Où sont les cubes bouillon?
— Ah, zut! J'ai complètement oublié!
— Oh, ce n'est pas grave. On a du sel.
— Viens, Djeneba. Goûte voir. C'est bon?
— Oui, très bon.
— Ah, j'ai oublié. Devine qui j'ai vu au marché...
— Aucune idée. Qu'est-ce que tu me racontes? Va voir qui est à la porte.
— O.K.

Une invitée pour le déjeuner (suite)

— Maman, je te présente Madame Riggs. C'est mon prof d'anglais.
— *í ní tlè. í ká kéne wá?*
— *n ká kéne kósobɛ.* Soyez la bienvenue.
— Tenez, madame. Je vous ai apporté des mangues.
— Que c'est gentil!
— Voici mon professeur d'anglais, Madame Riggs.
— Enchantée.
— Je vous présente ma tante.
— Bonjour.

— Mon père...
— Bonjour. Bienvenue chez les Diomandé.
— Et mon frère.
— *Hello.*
— *Hello. What's your name?*
— Alidou.
— Alors, j'étais tellement surprise de voir Miss Riggs au marché aujourd'hui.
— *Hello, Miss Riggs. How are you?*
— *Hello, uhmmm...*
— Je suis Diomandé Djeneba. Je suis dans votre classe d'anglais.
— Ah oui! Comment ça va, Djeneba?
— Très bien, merci.
— Tiens, Djeneba, tu peux m'aider?
— Avec plaisir! Qu'est-ce que je peux faire pour vous?
— Je veux faire de la sauce arachide. Alors, il me faut du beurre d'arachide.
— De la pâte d'arachide?
— Oui, c'est ça. Tu sais comment la faire?
— Oui, un peu... mais pas très bien. Maman sait bien comment la faire. Elle en fait pour le déjeuner aujourd'hui même. Eh! J'ai une idée. Vous pouvez venir manger chez nous?
— C'est bien gentil! Mais, tu ne dois pas demander d'abord à ta mère?
— Mais... non! Ça va. Maman adore avoir des invités.
— Tu es sûre?
— Oui! Venez!
— Bon, d'accord. Merci.
— Ça, c'est bien! *a ká nyí kósobɛ!*
— Comment?
— Euh... Ça va être cap! *Very good!*
— Alors, donne-moi ton adresse.
— Voilà. Vous pouvez arriver vers midi?
— Midi? Très bien.
— Vous voulez toujours acheter de la pâte d'arachide?
— Non. Ça ne vaut pas la peine. Je vais en chercher demain.
— En tout cas, c'est là-bas, là.
— Merci. Allez, à plus tard!
— Au revoir, madame.
— Quelle chance! Bienvenue chez nous, madame.
— Merci. Mmmmm. Ça sent bon! C'est de la sauce arachide?
— Oui. Vous l'aimez?
— Oui, je l'adore. C'est difficile à préparer?
— Non, pas du tout.
— Ça prend combien de temps?
— Oh, je mets une heure et demie à peu près.
— Qu'est-ce qu'il y a dedans?
— D'abord, vous prenez de la viande : du poulet, du bœuf, ou même du poisson.

Chapitre 8 *cont.*

Vous la faites cuire avec des oignons, des tomates, du chou et, si vous aimez, du piment. Puis, vous ajoutez de la pâte d'arachide et de la pâte de tomates. C'est très simple. Goûtez. C'est comment?
— Mmmm. Excellent!
— Vous voyez, Maman sait bien cuisiner.
— Ah, c'est bien vrai.
— Allez! A table!

Panorama Culturel

Where does your family go to shop for groceries? People in francophone countries have several options. We asked these people where they shop. Here's what they had to say.

Où est-ce que tu aimes faire des provisions?

[Louise] Je vais plus souvent au supermarché, mais je préfère le marché, parce que le marché, c'est dehors, et puis c'est... l'ambiance est meilleure.

[Angèle] Je préfère aller au supermarché pour aller faire des achats parce que là-bas, c'est plus sûr et bien conservé.

[Micheline] Je préfère aller au marché, chez les petits commerçants parce qu'il y a le contact personnel; il y a le choix; il y a les odeurs, les couleurs, le plaisir de la promenade aussi dans le marché.

[Jocelyne] Je préfère les supermarchés. On y trouve beaucoup plus de choses générales et puis c'est plus facile, tout est concentré au même endroit.

[Armande] Je préfère aller au supermarché parce que là-bas c'est plus détaillé, et puis on trouve facilement les articles demandés.

[Joël] Je préfère le supermarché parce qu'on y trouve tout, et généralement on peut payer avec une carte de crédit, ce qui me facilite la vie.

[Lucie] Je préfère les supermarchés parce que c'est moins sale. Puis, aller au marché... Comme je n'ai pas l'habitude de porter des chaussures fermées, je préfère le supermarché.

[Elodie] Ben, en général, on va dans les supermarchés, il y a plus de choix et c'est plus grand.

[Danielle] Je préfère le supermarché parce que là-bas, les marchandises sont de bonne qualité par rapport au marché.

[Sylviane] Oui, je fais les courses au marché et aussi au supermarché parce que le marché, on trouve vraiment tous les produits locaux et très frais. Et bon, le marché aussi, c'est un grand moment de plaisir parce qu'il y a une ambiance, il y a une chaleur et c'est très différent du supermarché où c'est vraiment classique et international.

Vidéoclips

Andros

— Andros, Andros, ça, c'est fort de fruits.
— Andros, Andros, ça, c'est fort de fruits.
— Andros, Andros, ça, c'est fort de fruits.
— Les desserts fruitiers Andros, ça, c'est fort de fruits.

Garbit

— Mon fils! La paëlla! Ce riz! Ce poulet! Ces moules! C'est pareil que chez ta maman, il est beau mon fils, et comme il fait bien la paëlla!
— C'est pas moi que je fais la paëlla, Maman. C'est Garbit.
— Garbit? Encore une fiancée?
— Paëlla Garbit, c'est bon comme là-bas.

LOCATION OPENER: Arles

Bonjour! Je m'appelle Florent. Bienvenue en Arles. Comment tu trouves? C'est une ville très ancienne. Dans son histoire, on peut y voir l'influence de plusieurs civilisations différentes. D'abord les Grecs, ensuite les Romains, et après, nous les Français. Eh oui, Arles est très célèbre pour son passé, mais aussi pour sa beauté et ses nombreux festivals. On est maintenant aux arènes. For-mi-dable, n'est-ce pas? Et ça, c'est juste pour commencer! Allez, viens!

Arles est un grand centre touristique du sud de la France. Elle est célèbre pour ses ruines romaines; par exemple, son théâtre antique. Au Musée lapidaire d'art païen, on peut voir beaucoup d'objets romains. Cette grande obélisque de granit est située au centre de la ville. Elle mesure 15 mètres. La ville d'Arles est très belle et il est agréable de se promener dans ses petites rues pittoresques. On peut reconnaître de nombreux sites dans les peintures de Van Gogh, un artiste qui a habité en Arles. Arles se trouve aux limites de la Camargue, une réserve naturelle où l'on peut voir des flamants roses et des chevaux sauvages. Au nord-est d'Arles, il y a les Baux-de-Provence. On peut en visiter les deux parties : les ruines de l'ancien château et le village qui est soigneusement préservé par ses habitants. Arles est une ville de tradition provençale. Pendant les festivals et les fêtes, les Arlésiens portent leur costume traditionnel et dansent la sardane au son des mirlitons. Arles est une ville riche en culture traditionnelle et en beauté naturelle.

CHAPITRE 9
Au téléphone

Mise en train
Un week-end spécial

— Allô?
— Allô?... Bonjour, monsieur. C'est Magali.
— Bonjour, est-ce que tu vas bien?
— Oui, ça va bien, merci. Est-ce qu'Hélène est là, s'il vous plaît?
— Une seconde. Ne quitte pas.
— Allô?
— Hélène? C'est Magali à l'appareil. Comment ça va?
— Très bien. Et toi?
— Super. Tu as passé un bon week-end?
— Bof, ça a été. Je n'ai rien fait de spécial. Samedi, j'ai fait mes devoirs... Dimanche, j'ai regardé la télévision et j'ai lu un peu. Et toi? Tu as passé un bon week-end?
— Excellent! J'ai passé un week-end super!
— Ah oui? Qu'est-ce que tu as fait?
— Je suis allée au théâtre antique avec Florent. Il m'a présenté un garçon très sympa. Il s'appelle Ahmed. Il est super gentil.
— Salut, Magali. Je te présente Ahmed.
— Bonjour.
— Salut... Ça va?
— Oui. Et toi?
— Très bien.
— Alors, vous venez?
— Il a quel âge, ton prince charmant?
— Oh, il a 16 ans.

— Il est mignon?
— Il est super mignon!
— Il a les yeux marron, les cheveux noirs.
— Alors, qu'est-ce que vous avez fait au théâtre antique?
— Florent a pris des photos.
— Et alors?
— Nous avons beaucoup parlé. Tu sais, il adore le sport. Il aime le tennis, comme moi...
— C'est super! Regarde la vue d'ici.
— Oui, oui. Tu es en quelle classe?
— En quatrième. Et toi?
— En troisième.
— Qu'est-ce que tu préfères comme matière?
— La gym. Et toi?
— L'histoire-géo.
— Alors, les copains! Vous venez?
— On arrive!
— Et après? Qu'est-ce que vous avez fait?
— Oh, rien. Les garçons sont rentrés. Moi, je suis allée faire des courses avec Sophie. Et puis le soir, nous sommes allées au cinéma.
— Avec Ahmed?
— Mais non! Avec Sophie.
— Et Ahmed? Tu as revu Ahmed?
— Attends. Dimanche, nous sommes tous allés aux Baux-de-Provence.
— Ahmed aussi?
— Oui, et Florent, bien sûr.
— Comment est-ce que ça s'est passé? Qu'est-ce que vous avez fait là-bas?
— Je vais te raconter une histoire incroyable!
— Je t'écoute.
— Magali!
— Attends une seconde... Oui, Papa.
— Je dois téléphoner.
— Ecoute, Hélène, mon père veut téléphoner. Je ne peux pas parler. Je te rappelle plus tard. A bientôt.
— Mais, qu'est-ce qui s'est passé aux Baux-de-Provence?

Un week-end spécial (suite)

— Allô?
— Hélène? C'est encore moi. Je suis désolée.
— Ne t'en fais pas. Ton père a téléphoné?
— Oui. Mais la ligne était occupée.
— Alors, raconte. Comment est-ce que vous êtes allés aux Baux-de-Provence?
— On a pris le car.
— Qu'est-ce que vous avez fait là-bas?

— Oh, beaucoup de choses. On a passé un après-midi super!

— Raconte!

— Nous sommes arrivés aux Baux vers dix heures.

— D'abord, nous avons visité le village. Florent a pris des photos. Tu vas voir. Génial, les Baux-de-Provence!

— Ensuite, on est allés en haut du village. La vue est superbe là-haut.

— Eh, c'est pas mal. On a une jolie vue.

— Puis, on a visité la citadelle ancienne.

— En descendant, on s'est arrêtés dans une petite boutique où l'on vend des santons. J'en ai vu un qui était très joli, une bergère. On a acheté des cartes postales et des souvenirs. Il y a de très belles choses aux Baux, des objets provençaux.

— Et après?

— Après? Oh, on a repris le car et on est rentrés en Arles.

— C'est tout?

— Non, aujourd'hui, j'ai reçu un paquet d'Ahmed. Un cadeau! C'était le santon de la boutique!

— C'est pas vrai!

— Si! Il y avait un petit mot de lui.

— Raconte! Je t'écoute.

— Chère Magali... On s'est bien amusés ce week-end. Voilà le santon que tu as admiré. Je voulais t'en faire cadeau. Florent m'a invité à la fête d'anniversaire de Sophie vendredi soir. Tu vas y aller? J'aimerais bien te revoir. Mon numéro de téléphone est le 42.34.76.22. Amicalement, Ahmed.

— Quelle belle histoire!

— Incroyable, non? Alors, à ton avis, qu'est-ce que je fais?

— Quoi?

— Qu'est-ce que je dois faire? Qu'est-ce que tu me conseilles?

— Tu devrais lui téléphoner, au moins pour lui dire merci!

— Tu es sûre?

— Oui. Téléphone-lui!

— Bon, ben. Je l'appelle. Tu as raison. Merci.

— Eh ben, voilà. Allez, salut.

— Salut. A bientôt.

— Allô?

— Allô, bonjour. Est-ce qu'Ahmed est là, s'il vous plaît?

— C'est de la part de qui?

— Magali.

— Une seconde, s'il vous plaît... Il est parti. Vous pouvez rappeler plus tard?

— Oui. Je peux laisser un message?

— Bien sûr.

— Vous pouvez lui dire que j'ai téléphoné?

— Très bien, mademoiselle. Allez, au revoir.

— Merci, madame. Au revoir.

Panorama Culturel

How often do you call your friends? We asked some francophone teenagers about their telephone habits. Here's what they told us.

Tu aimes téléphoner?

[Nicole] Oui, j'aime beaucoup téléphoner. Mes parents rouspètent souvent parce que je reste longtemps au téléphone, parce que ça coûte cher, le téléphone, et donc ils me demandent d'éviter de parler trop souvent au téléphone, de rester moins longtemps.

Tu passes combien de temps au téléphone, en général?

[Nicole] Le plus souvent, je téléphone à peu près une heure de temps.

[Virgile] Ah oui, j'aime beaucoup téléphoner. Euh, ben, ça permet de discuter, de prendre des nouvelles un peu partout. C'est pratique.

[Marie] Ben, j'aime bien téléphoner... Ça dépend à qui, mes copines et mes copains. J'aime bien parce que j'aime bien leur parler, surtout à ma meilleure amie Caroline. J'aime beaucoup lui parler. On reste très longtemps. Mais sinon, téléphoner aux gens que je connais pas, j'aime pas trop.

[Marie-Emmanuelle] Je passe beaucoup de temps au téléphone. Tous les soirs avec mes amis. Surtout avec mes copines. J'aime bien parler.

[Karina] Ah oui, j'aime téléphoner tout le temps. Tout le temps, je suis au téléphone.

[Marieke] Je téléphone pas souvent parce que je les vois au lycée, mais je téléphone à ma meilleure amie qui habite pas ici, à Bordeaux. Donc, ça fait assez loin. Donc, c'est plutôt le soir et c'est pas très long, parce que ça coûte cher après.

[Léna] J'adore téléphoner. Je passe pas mal de temps au téléphone chez moi. Ça me permet de... d'entendre mes amis sans pouvoir les voir.

[Elodie] Ouais, trop d'ailleurs. Je téléphone trop.

[Armande] Oui, j'aime bien téléphoner parce que le téléphone, c'est pratique. Ça t'évite de te déplacer quelquefois.

[Arnaud] Non, pas tellement. Je ne... Je ne... Je ne téléphone jamais.

[Onélia] Oui, j'aime beaucoup parler au téléphone. Je peux rester des heures avec mes amis.

Tes parents te permettent de téléphoner autant que tu veux, quand tu veux?

[Onélia] Non, ma mère, comme je parle trop au téléphone, le supprime pendant la période scolaire.

[Karina] Normalement, on ne devrait pas rester longtemps, normalement. Mais on ne voit pas quand l'heure passe, donc ça déborde largement.

[Céline] Non, je peux pas téléphoner quand je veux. Enfin, quand je commence à téléphoner trop, ma mère qui vient m'arrêter.

Vidéoclips

Groupe Azur

— Allo? Groupe Azur?
— C'est au sujet d'un vol.
— Oui, j'écoute, monsieur.
— Vous avez un stylo? Bon, une télé, un magnétoscope...
— Vous pouvez parler plus fort?
— Je ne peux pas. Ils sont à côté. Ah! Ma femme me dit qu'ils prennent aussi notre pendulette en bronze.
— Pardon?
— Notre pendulette en bronze. Pendant que j'y pense, est-ce qu'il vous serait possible de m'envoyer une petite documentation sur votre assurance vie?
— Bien sûr, monsieur.
— Merci, vous êtes gentil.
— Groupe Azur. Il y aura toujours quelqu'un au 37.28.82.82. Même la nuit.

Petits cœurs

— Pourquoi moi? Peut-être parce que je suis comme toi, sucré, petit, croquant, craquant.
— Vous êtes arrivé.
— Ah bon?

— Pourquoi moi? Hein? Peut-être parce que je suis mignon, je suis tendre...
— Petits cœurs de Belin. A grignoter tendrement.

CHAPITRE 10
Dans un magasin de vêtements

Mise en train
Chacun ses goûts

— Oh là là! Je ne sais pas quoi mettre demain.
— Demain? Mais qu'est-ce qu'il y a demain?
— Tu as oublié? C'est l'anniversaire de Sophie. Je n'ai plus rien à me mettre. J'ai envie d'acheter quelque chose de joli... Et toi, qu'est-ce que tu vas mettre?
— Oh, je ne sais pas. Sans doute un jean et un tee-shirt.
— Mais, c'est nul. Pourquoi est-ce que tu ne trouves pas quelque chose d'original? De mignon?
— Ecoute, Magali. Moi, j'aime bien être en jean et en tee-shirt. C'est simple et agréable à porter. Chacun ses goûts.
— Comme tu veux. A bientôt.
— Salut!
— Bonjour. Je peux vous aider?
— Oui, s'il vous plaît. Je cherche quelque chose pour aller à une fête.
— Vous avez une idée précise?
— Euh... pas vraiment... J'aimerais quelque chose d'original et pas trop cher.
— Si vous voulez, nous avons de très jolies robes provençales. Cent pour cent coton.
— Montrez-moi.
— Qu'est-ce que vous faites comme taille?
— Je fais du 38.
— Voilà, cette robe est très jolie.
— Euh, oui.
— Vous ne l'aimez pas?
— Si, mais c'est pas mon genre. Et cette robe rouge, là, vous l'avez en 38?
— Ah non, désolée, c'est la dernière. C'est un 42.
— Dommage, je l'aime bien.
— Nous avons des jupes, si vous voulez.
— Faites voir.
— Venez... Quel genre de jupes aimez-vous? Longues? Courtes?
— Oh, plutôt une jupe courte.

— Tenez, celle-ci fait jeune. Comment la trouvez-vous?
— Bof, je la trouve pas terrible. C'est pas tellement mon style.
— Et celle-ci?
— J'aime bien cette jupe-ci.
— Elle est jolie, n'est-ce pas? Elle est très agréable à porter. Quand il fait chaud, c'est idéal.
— Et vous l'avez en vert?
— Nous l'avons en bleu, en rouge et en vert.
— Et vous l'avez en 38?
— Je crois... Attendez, je regarde... 42, 40... La voilà en 38.
— Est-ce que je peux l'essayer?
— Bien sûr. La cabine d'essayage est au fond du magasin.
— Merci.
— Très joli. Ça vous va très bien.
— Oui, c'est pas mal, mais elle est un peu large, non? Est-ce que vous l'avez en 36?
— Attendez, je vais regarder. Oui, je l'ai en 36, si vous voulez. Tenez.
— Ah, très chic! C'est tout à fait votre style.
— Vous trouvez?
— Et en plus, c'est très à la mode.
— Mais, je ne sais pas quoi mettre avec.
— Nous avons ces chemisiers, si vous aimez. Taille unique. Ça va très bien avec la jupe.

Chacun ses goûts (suite)

— Je peux vous aider?
— Non, merci. Je regarde. Je cherche quelque chose pour un anniversaire.
— Allez-y!
— Tiens, Hélène. Qu'est-ce que tu fais? Tu as changé d'avis? Tu vas mettre une jolie robe provençale au lieu de ton jean?
— Non, non. C'est pour Sophie.
— C'est une bonne idée, ça...
— Alors, qu'est-ce que tu vas mettre? Tu as trouvé quelque chose?
— Oui, peut-être. Qu'est-ce que tu penses de cet ensemble?
— Très joli. Tu as bien choisi.
— Je n'ai pas l'air trop moche avec ça? Tu ne le trouves pas démodé?
— Mais non, pas du tout. La jupe te va très bien.
— Elle n'est pas trop courte?
— Elle est parfaite.
— Vraiment?
— Mais oui!
— Mais un jean, c'est plus pratique.
— Alors, mets un jean!

— Tu crois? Mais c'est banal! Je vais peut-être seulement prendre le chemisier.
— Tiens, salut Malika. Comment vas-tu?
— Ça va bien. Joyeux anniversaire!
— Oh, merci. C'est trop gentil.
— Tu sais, c'est une bricole.
— Je vais la mettre sur la table.
— Dis, il est joli, ton ensemble!
— Tu trouves?
— Très sympa. Il te va très bien.
— Tu sais, c'était en solde.
— Salut, Ahmed!
— Bonsoir. Joyeux anniversaire!
— Merci.
— Salut, Malika. Ça va?
— Oui. Et toi?
— Pas mal.
— Tiens, tu as mis une cravate ce soir?
— Oui, pour changer. Comment tu la trouves?
— C'est pas mal. C'est chic.
— Oui, ça te va très bien.
— C'est la cravate de mon frère.
— Elle est chouette. C'est tout à fait ton style.
— Magali n'est pas là?
— Non, pas encore.
— Ah, Hélène!
— Joyeux anniversaire!
— Merci beaucoup.
— Super, ton ensemble. Il est nouveau?
— Oui, je l'ai acheté hier. Hélène, je te présente Ahmed.
— Salut, Ahmed.
— Salut. Comment vas-tu?
— Super.
— Vous voulez boire quelque chose?
— Oui, volontiers.
— Venez. Il y a des jus de fruit, des chips, du fromage, tout ce que vous voulez.
— Merci.
— Joyeux anniversaire!
— Euh... Qui êtes-vous?
— Florent!
— Et Charles!
— Eh bien... Vous n'êtes pas déguisés? Ce n'est pas une soirée déguisée?
— Euh, non.
— Ahmed!
— Oui?
— C'est toi qui nous as dit que c'était une soirée déguisée!
— Eh, ma cravate!
— Tiens-le, Florent, j'arrive!
— Tiens, Magali!
— Joyeux anniversaire!
— Tiens, toi aussi, tu as ce chemisier?
— Euh, oui.

— Moi, je l'aime bien. Il est chouette, non?
— Superbe.
— Et très original!
— Attendez. Un petit sourire!

Panorama Culturel

We asked some francophone people what they like to wear. Here's what they said.

Qu'est-ce que tu aimes comme vêtements?

[Marie-Emmanuelle] J'aime bien mettre des jeans, des tee-shirts, des affaires simples, mais de temps en temps j'aime bien être originale et porter des jupes longues, ou euh... quelque chose de plus classique ou plus moderne.

[Thomas] J'aime les jeans, les chemises, j'aime les chemises, les grosses chaussures et les casquettes aussi.

[Aminata] J'adore beaucoup les jupes droites, les robes, les pagnes. J'aime beaucoup me mettre aussi en tissu.

[Jean-Christophe] Tous les vêtements que j'aime sont tous les vêtements à la mode. Beaucoup d'éléments fun. Voilà, quoi. Des chemises, des tee-shirts, des jeans, et voilà.

[Epie] J'aime les robes.

[Marieke] Les vêtements, j'aime bien les grandes chemises, les jeans. J'aime beaucoup être en jean et l'été, les robes légères parce qu'il fait très chaud donc.

[Narcisse] J'aime les jeans et les tee-shirts.

[Clémentine] Comme vêtements, je mets surtout des vêtements simples, enfin, confortables, comme par exemple des, des jeans, des tee-shirts, et... En été je mets plus de vêtements, des jupes, des robes, mais pas... J'essaie d'être à l'aise.

[Emmanuel] Ben, comme vêtements, en général je porte des jeans, jeans et tee-shirts ou chemises, parce que c'est plus pratique. On est bien. C'est plus à l'aise.

[Marie-Laure] Ben, j'aime beaucoup les jeans pour l'hiver, mais j'aime bien les petites robes d'été, légères pour l'été.

[Carole] Comme vêtements, les robes, les ensembles clairs comme... les couleurs.

[Pascal] J'aime bien les tee-shirts noirs. J'aime bien m'habiller en noir. Et j'aime bien aussi avoir des tennis et je n'aime pas beaucoup les chaussures de ville.

[Nicole] Je porte le plus... enfin généralement des jeans avec des tee-shirts, j'aime aussi les jupes. Je porte toutes sortes de vêtements, je n'ai pas de préférence.

Vidéoclips

Kelton

Sur le rail, une Kelton, la montre qui résiste à tout. Face à elle, quatre locomotives, 200 wagons de 100 tonnes. Un train de 2 kilomètres 600. Le plus grand train du monde. Une fois de plus, Kelton va faire la preuve de son exceptionnelle robustesse, Kelton, les montres qui résistent à tout. Euh, presque à tout. Kelton, des montres qui résistent presque à tout.

Alain Afflelou

Il y a des yeux, des yeux qui comptent, qui calculent, qui réfléchissent. Alors, il vend toujours les montures à prix très doux. Il y a des yeux qui veulent être libres. Il a inventé le contrat lentilles-liberté. Il y a des yeux pressés. Alors, il fait les lunettes en une heure. Il y a des yeux qui ont besoin de tendresse, d'attention. Alors, il est leur opticien. Il y a des yeux. Alain Afflelou et moi, ce n'est pas que pour l'argent.

CHAPITRE 11
Vive les vacances!

Mise en train
Bientôt les vacances!

— Salut!
— Alors, les copains, qu'est-ce que vous allez faire pendant les vacances?
— Moi, je pars en colonie de vacances.
— Ah oui? C'est comment, les colonies de vacances?
— C'est génial. On va aller à la plage. On va faire de la planche à voile et de la voile. Si on veut, on peut aussi jouer au tennis et au volley-ball. Le soir, il y a des soirées dansantes.
— C'est sympa!
— Tu pars combien de temps?
— Trois semaines en juillet.
— Et en août, je vais voir mes cousins à la montagne. Ils habitent à Sisteron, dans les Alpes-de-Haute-Provence. C'est super joli là-bas. Et toi, Ahmed, tu vas à l'étranger?
— Non. En juillet, je vais faire du camping dans les gorges du Verdon.

— Et en août?
— En août, je travaille dans une station-service.
— Eh! C'est génial!
— Génial? Je travaille parce que j'ai besoin d'argent. J'aimerais bien acheter une mobylette.
— Tiens, moi aussi, j'aimerais bien acheter une mobylette.
— Et toi, Florent?
— Je vais peut-être rester en Arles. J'ai envie d'être ici pour le festival de la photographie. Mais, je ne sais pas. A part ça, je n'ai rien de prévu. Je n'ai pas encore décidé.
— Pourquoi est-ce que tu ne travailles pas comme pompiste avec moi?
— J'aimerais bien, mais je préfère partir en vacances.
— Tu peux aller en colonie de vacances aussi.
— C'est possible...
— Bon, je dois m'en aller.
— Moi aussi. Au revoir à tous!
— Salut.
— Salut.
— Tchao.
— Qu'est-ce que je vais faire, moi?

Bientôt les vacances! (suite)

— Quand est-ce que vous prenez vos vacances?
— Au mois d'août.
— Qu'est-ce qu'on va faire?
— On va aller en Bretagne voir tes grands-parents.
— Et en juillet?
— Pourquoi? Qu'est-ce que tu veux faire?
— Je ne sais pas. Magali va en colonie de vacances. Ça a l'air très sympa. Elle va y faire des tas de choses. Et Ahmed va aller faire du camping. Et puis en août, pour gagner un peu d'argent, il va travailler comme pompiste.
— Qu'est-ce que tu préfères?
— Euh... je ne sais pas. J'aimerais bien être ici pour le festival de la photographie.
— En tout cas, les vacances, c'est dans un mois. Et j'aimerais bien que tu penses aussi à l'école. Tu n'as pas de très bonnes notes. Surtout en anglais. Alors, d'abord l'école, ensuite les vacances.
— *Yes,* Papa!
— Tiens, Florent. J'ai une idée pour tes vacances.
— Ah oui? Qu'est-ce que c'est?
— Un séjour linguistique.
— Un séjour linguistique?
— Pour travailler ton anglais.
— Tu as de ces idées, toi! C'est mes vacances!

— C'est très bien fait, les séjours linguistiques. Tu as des cours, mais tu as aussi beaucoup d'activités. Tu peux faire du sport, des visites...
— Ah oui?
— Tiens, tu vas voir, ça m'a l'air tout à fait sympathique.
— Séjours linquistiques... USA, Canada, Australie, Nouvelle-Zélande, Malte, Irlande, Ecosse, Angleterre, Allemagne, Autriche... Voyages linguistiques... collégiens et lycéens. Apprendre l'anglais en Angleterre... Tiens, c'est peut-être pas une mauvaise idée.
— Alors, tu as décidé? Tu veux travailler avec moi à la station-service?
— Oh, je ne sais pas. J'hésite encore. J'ai regardé une pub pour des séjours linguistiques en Angleterre. Ça a l'air pas mal.
— En Angleterre! Tu es malade! Il pleut tout le temps.
— Ah oui?
— Ma cousine est allée en Angleterre l'année dernière. Il a plu pendant tout le séjour. En plus, il fait froid.
— Ah bon? Alors, ce n'est peut-être pas une bonne idée.
— Ah non! Tu as des cours d'anglais tous les jours, tu visites des trucs sans intérêt.
— En tout cas, je ne sais pas si j'ai le choix. Mon père veut que j'y aille. Allez, salut, Ahmed! A la rentrée!
— Envoie-moi une carte d'Angleterre. Et n'oublie pas ton parapluie!
— Pas d'ironie.
— T'en fais pas. Tu sais, il peut faire beau en Angleterre.
— Oui, de temps en temps.
— Bonnes vacances!
— Merci, toi aussi. Amuse-toi bien. Tchao!
— Salut!
— Bonjour. Alors, bonne journée?
— Oui... Dites, vous savez, je ne sais pas si j'ai envie d'aller en Angleterre.
— Pourquoi?
— Il ne fait pas beau en Angleterre. Il pleut toujours.
— Mais non, pas en été.
— Si. La cousine d'Ahmed y a été l'année dernière. Il a plu tout le temps.
— Elle n'a pas eu de chance.
— Peut-être.
— Dis, tu as eu ta moyenne d'anglais?
— Euh, oui.
— Alors?
— Euh, c'est pas terrible.
— Tu as eu combien?
— J'ai eu 9.
— Bon! Moi, je vote pour le séjour linguistique.

— Mais Papa...

— Et toi? Qu'est-ce que tu votes?

— Tu sais, Florent, c'est très bien, l'Angleterre. C'est un très joli pays.

— Mais il pleut toujours!

— Tiens, ça c'est pour ta famille d'accueil.

— Mais Maman, je n'ai plus de place dans ma valise.

— Plus de place! Mais qu'est-ce que c'est que tout ça?

— Mon imperméable, mes bottes et mon parapluie.

— Mais c'est l'été!

— Oui, mais en Angleterre, il pleut.

— Comme tu veux. Dis, tu as pensé à un cadeau pour ton correspondant?

— Oui, j'ai un CD.

— Très bien. Tu as tout?

— Je crois.

— Billet de train?

— Ici.

— Tu as ton appareil-photo?

— Oui.

— Tu as pris ton dictionnaire?

— Non. Bonne idée!

— Autre chose?

— Non, je crois que j'ai tout.

— Bon!

— Au revoir! Merci! Allez!

— Tiens, Florent nous a envoyé une carte aussi. Chers parents : C'est super sympa ici. J'ai beaucoup de copains et on a des tas d'activités. Et en plus, il fait un temps splendide! Un ciel bleu bleu bleu et il fait chaud! D'habitude, après les cours, on fait du sport ou on fait du tourisme. Aujourd'hui, on a fait une grande promenade et on a visité Londres. C'était génial! Vive l'Angleterre! *See you soon!* Florent.

Panorama Culturel

We asked some francophone people where they go and what they do on vacation. Here are their responses.

Qu'est-ce que tu fais pendant les vacances?

[Sim] Pendant les vacances, bon, d'habitude je vais au village chez les parents qui sont restés au village. Et après une année scolaire, il faut aller les voir parce que ça... il y a longtemps qu'on se voit pas. Donc ça fait plaisir aux parents de revoir les enfants quand ils vont au village. Voilà. Ça fait changer de climat. On va se reposer un peu.

[Céline] Ben, pendant les vacances, bon, des fois, je pars. L'année dernière, je suis partie en Espagne, cette année je pars en Corse. Je pars souvent avec des copains ou... sinon je reste à Aix.

[Nicole] Pendant les vacances? Alors, je vais généralement à la plage, au cinéma. Le soir, je sors, enfin je vais dans des fêtes, chez des amis. On danse. On s'amuse. On rigole. On joue aux cartes. Mes vacances se passent comme ça.

Quand est-ce que tu as des vacances?

[Nicole] J'ai des vacances en juillet, à partir de juillet. Les vacances durent deux mois, et nous reprenons l'école en septembre.

[Karina] Au début du mois de février, à la fin de l'année, les vacances de la Noël, au début du mois de février, ce sont les vacances du Carnaval, les vacances de Pâques, en avril, je crois, ou en mars, je ne me souviens plus, puis les grandes vacances.

[Sylviane] On a exactement le même nombre de semaines que le système français. C'est-à-dire quatre semaines de congé annuel plus une cinquième semaine qui est un congé supplémentaire qu'on peut prendre en même temps que ses vacances ou dans une autre période.

Qu'est-ce que tu fais pendant les vacances?

[Emmanuel] Pendant les vacances, je pars souvent à l'étranger, en Espagne ou l'Italie. Et autrement, je pars entre copains, comme ça, en France, pour s'amuser, quoi.

[Viviane] En général, pendant les vacances, je vais les passer chez ma tante à Bassam ou quelquefois à Bingerville ici. Chez ma tante aussi.

[Thomas] Pendant mes vacances, je vais à la... au bord de la mer avec mes parents, ou au ski avec des amis.

[Céline] Je vais surtout à la mer. Et puis, quelquefois en montagne, pour changer.

[Caroline] Je pars avec mes parents au bord de la mer ou à la montagne ou dans les pays étrangers.

[Eva] Pendant les vacances, je vais à Bassam chez ma grande-mère.

[Aristide] Pendant les vacances, je vais au village, chez mes grands-parents pour les aider dans les travaux champêtres.

Chapitre 11 *cont.*

[Marieke] Alors moi, j'ai l'occasion d'avoir de la famille partout en France. Donc je bouge beaucoup et cette année je vais faire un camp en Hollande, donc, on part à l'étranger parfois.

Vidéoclips

TGV Atlantique

You sigh, a song begins. You speak, and I hear violins, it's magic. Well, the stars desert the skies and rush to nestle in your eyes, it's magic. Without a golden wand, or mystic charms. TGV Atlantique, la croisière à 300 kilomètres à l'heure.

SNCF Carte Kiwi

Kiwi!
Avec la carte Kiwi, tu paies moitié prix
Et ton papa aussi, et ta maman aussi
Et ton tonton aussi et ta marraine aussi.
Billets, s'il vous plaît.
Oui, oui.
Voici la carte Kiwi.
Nos billets moitié prix.
Moitié prix? C'est pas possible!
Mais si, c'est possible.
Avec la carte Kiwi, l'enfant de moins de 16 ans et ceux qui l'accompagnent jusqu'à quatre personnes paient tous moitié prix.
Un enfant, une carte Kiwi
et on voyage à moitié prix.

LOCATION OPENER: Fort-de-France

Salut! Je m'appelle Lucien Lapiquonne et je suis martiniquais. Nous sommes maintenant à Fort-de-France. Regarde tous ces bateaux dans le port! La Martinique est une jolie petite île dans la mer Caraïbe, pas loin de la Floride. Ici, c'est le soleil, la plage et la joie de vivre! Allez, viens!

Fort-de-France est la ville principale de la Martinique. Elle a toutes les caractéristiques d'une ville française, mais au soleil des tropiques. Sa particularité, c'est son climat et son art de vivre créole. La Martinique attire de nombreux touristes. La ville de Fort-de-France est située sur la Baie des Flamands. Au centre-ville, il y a la bibliothèque Schœlcher, la cathé-drale Saint-Louis et le marché aux fruits et aux légumes. Le fort Saint-Louis symbolise

la période des querelles entre la France et l'Angleterre. Le parc de la Savane attire aussi beaucoup de monde. Les jeunes aiment bien y jouer au football ou écouter des concerts en plein air. La musique zouk, chantée en créole, est très populaire, pas seulement à la Martinique, mais aussi en France métropoli-taine, en Afrique et partout dans le monde. Il y a souvent des fêtes, comme le Carnaval au mois de février. Fort-de-France est une ville moderne qui a su conserver ses traditions.

CHAPITRE 12
En ville

Mise en train
Un petit service

— Où vas-tu?
— En ville. J'ai un rendez-vous avec Mireille. Elle est de retour de Paris.
— Qu'est-ce que vous allez faire?
— Je vais lui faire visiter le fort Saint-Louis. Je la retrouve devant.
— Tu rentres à quelle heure?
— Euh, je ne sais pas. Sans doute dans l'après-midi.
— D'accord. Avant de rentrer, tu passes au marché, tu me prends de l'ananas, des oranges et des caramboles.
— Euh... O.K.
— Tiens, voilà de l'argent. Prends aussi un kilo d'ignames.
— D'accord.
— Tu n'as besoin de rien? Lucien va en ville.
— Ah si, justement! Ça tombe bien. Tu peux rendre ces livres à la bibliothèque, s'il te plaît? Et, en échange, tu prends trois autres livres. Voilà ma carte.
— Bon. Qu'est-ce qu'il te faut comme livres?
— Voilà les titres. N'oublie pas. J'ai besoin de ces livres pour la semaine prochaine.
— Est-ce que quelqu'un va en ville aujourd'hui?
— Oui, Lucien, il y va maintenant.
— Ah, très bien! Est-ce que tu peux faire quelque chose pour moi?
— Oui, euh... Ça dépend.
— Est-ce que tu peux aller à la poste et envoyer ce paquet?
— Euh, oui. La poste ferme à midi, non? Je vais d'abord au fort Saint-Louis, puis je dois aller au marché. Ensuite...
— Tu fais ça pour moi. C'est important.

— O.K.

— Dis, Lucien, tu peux passer chez le disquaire? J'ai commandé un disque compact. A mon avis, il est arrivé. Voilà le reçu.

— Mais, je ne sais pas où est ce disquaire, moi!

— C'est très simple. L'adresse est sur le reçu. J'ai déjà payé.

— Bien. C'est tout?

— Au retour, tu peux aller à la boulangerie? Tu prends deux baguettes.

— Ça suffit pour aujourd'hui!

— Si tu n'as pas le temps, tu ne fais pas tout.

— Mais n'oublie pas d'aller à la poste, c'est important.

— Pense à passer à la bibliothèque. Fais attention, elle ferme à midi et demi. Et j'aimerais bien avoir mon disque compact aussi.

— Et pour les fruits, regarde bien et ne te fais pas avoir.

— O.K, O.K, O.K!

— Bonne promenade!

— Tu vas voir, c'est très intéressant, le fort.

— Merci, Lucien. C'est sympa.

— Tu ne veux pas un sac?

— Merci. Ça va.

— Bonjour. Est-ce que, par hasard, vous allez en ville aujourd'hui?

— Au secours!

Un petit service (suite)

— Salut, Mireille! *Sa ou fé?*

— Super! Comment vas-tu?

— Bien.

— Excuse-moi, je suis un peu en retard.

— C'est pas grave. On y va?

— Euh, j'ai un petit problème. J'ai plein de trucs à faire. J'ai une liste de courses pour ma mère, j'ai un paquet à mettre à la poste pour mon père, un disque compact à aller chercher pour ma sœur et je dois passer à la bibliothèque.

— Eh bien! Si tu veux, je viens avec toi.

— C'est sympa. Mais, qu'est-ce qu'on fait? Est-ce qu'on y va maintenant ou est-ce qu'on va d'abord au fort Saint-Louis? Qu'est-ce que tu préfères?

— On peut y aller maintenant. On a le temps.

— D'accord. Allons-y!

— On commence par quoi?

— D'abord, il me faut des fruits. On peut commencer par le marché.

— D'accord.

— C'est fait.

— Qu'est-ce qu'on fait, maintenant?

— On va chez le disquaire. Lisette a commandé un disque compact.

— Où est-ce que c'est?

— Je ne sais pas, mais j'ai l'adresse. Le Hit-Parade, c'est à la rue Lamartine.

— Alors, allons-y!

— C'est par là.

— On s'est paumés?

— Je crois oui.

— Attends, on va demander à quelqu'un. Pardon, monsieur... Est-ce que vous savez où se trouve le Hit-Parade, s'il vous plaît?

— Le Hit-Parade? Attendez... Je sais que c'est par là. Mais où?... Ah oui! C'est derrière vous, je crois... prenez la rue Blénac, puis la rue... Non, ce n'est pas ça. Donc, vous remontez la place, vous tournez à gauche vers la rue Schœlcher. Ensuite, vous tournez à gauche, non, à droite, vers la rue Moreau de Jones. Ensuite, première à gauche, puis première à droite et vous arrivez dans la rue Lamartine. C'est à cinq minutes.

— Merci beaucoup, monsieur.

— Je vous en prie. Au revoir.

— Au revoir.

— Tu as compris quelque chose?

— Vaguement. On tourne à gauche, puis à droite, encore à droite, puis à gauche; non, à droite.

— Non, à gauche.

— Attends, je sais où il est, ce magasin. Suis-moi.

— Tu es sûr?

— Oui.

— Allez. Je te suis.

— Je suis désolé. Tu viens à Fort-de-France pour visiter et tu n'as encore rien vu.

— Tu sais, finalement, c'est pas mal. On visite la ville.

— C'est vrai. Tiens! Il est là, le Hit-Parade!

— Et maintenant?

— Maintenant? Il est midi moins cinq. On n'a plus que cinq minutes! La poste ferme à midi! Dépêchons-nous!

— Oh non, c'est déjà fermé!

— C'est important?

— Oui, c'est pour mon père. Il veut que ça parte aujourd'hui.

— C'est pour où?

— J'sais pas. Pour Trois-Ilets.

— C'est loin?

— Euh non, pas trop; à 20 minutes en bateau.

— On peut y aller?

— Tu as envie?

— Oui! Comme ça, je visite.

— Ça marche!

— Dis, c'est chouette! Ouaaah...

— Fort-de-France vu de la mer. Génial, non?

— Oui, regarde ce bateau, comme il est beau!

— Pas mal.

— Qu'est-ce que c'est déjà?

— C'est la cathédrale.

— Tenez, madame.

— Merci.

— Oui. Au revoir.

— Voilà!

— C'est encore mieux que la poste!

— Eh, il est une heure.

— Déjà? Je commence à avoir faim. Pas toi?

— Si.

— On va manger quelque chose?

— Bonne idée. Tiens, allons à ce café là-bas.

— D'accord.

— Ecoute. Il est tard. Je dois rentrer chez moi. Merci pour la balade.

— Salut!

— A bientôt.

— J'ai gagné!

— Ah, Lucien! Tu as mes fruits?

— Oui. Tiens, les voilà.

— Merci beaucoup.

— Et voilà ta monnaie.

— Tu as mes livres et mon disque compact?

— Tiens.

— Génial. C'est très gentil.

— Et mon paquet?

— Euh, c'est fait.

— Je te remercie, c'était très important.

— Et voici le journal.

— Eh, au fait, le fort, c'était comment?

— On n'y est pas allés! J'ai complètement oublié!

Panorama Culturel

Here's what some francophone people told us about obtaining a driver's license where they live.

Tu as un permis de conduire?

Qu'est-ce qu'il faut faire pour avoir un permis de conduire?

[Lily-Christine] J'ai mon permis probatoire, temporaire. Je n'ai pas encore mon vrai permis de conduire. Premièrement, pour avoir ton permis, tu suis les cours théoriques. Après ça, tu passes ton examen. Si tu passes l'examen, tu as ton permis temporaire. Après, tu suis des cours pratiques. Tu passes un examen sur route. Et puis, si tu as l'examen sur route, eh bien, tu as ton permis.

[Emmanuel] Non, je n'ai pas encore de permis de conduire parce que je n'ai pas encore 16 ans. Je l'aurai peut-être, permis accompagné, à 16 ans. Autrement, un permis de conduire normal, il faut attendre 18 ans en France. Pour avoir un permis de conduire, il faut passer le code. C'est un examen, quoi, c'est le code de la route, et faut passer la conduite. On est avec un moniteur. On doit faire un trajet qu'il nous indique et puis suivant si on le fait bien ou pas, on a notre permis.

[Charlotte] Il faut sans doute bien savoir ses... ses signes, ses codes de la route, son code de la route... pas avoir la tête ailleurs souvent, enfin... faut être bien dans sa tête. Voilà. Voilà.

[Virgile] Pour avoir un permis de conduire, ben il faut passer le code, et puis aussi avoir 18 ans.

[Jean-Christophe] Je n'ai pas de permis de conduire parce que je n'ai pas l'âge, mais à 16 ans je pourrais passer la conduite accompagnée que... qui me permettra de conduire à côté de mes parents, jusqu'à l'âge de 18 ans où je pourrai passer mon permis.

[Olivier] Donc, ici, la conduite accompagnée à 16 ans, ou il faut attendre les 18 ans pour pouvoir passer dans la majorité.

[Matthieu] Pour avoir un permis de conduire, il faut... il faut d'abord prendre des cours, Ensuite, il faut s'entraîner, je pense, et passer son code. C'est un examen.

[Céline] Ben, il faut avoir 18 ans. Il faut d'abord passer le code et après, le permis.

[Léna] Pour avoir un permis de conduire, il faut passer le code de la route.

[Viviane] Pour avoir un permis de conduire, il faut avoir de l'argent. Il faut passer un test. Il faut suivre des cours pour conduire.

[Amadou] Il faut un peu d'argent. Il faut un peu d'argent pour suivre les cours.

Vidéoclips

RATP

— Et maintenant, citoyen, une version plus moderne, plus révolutionnaire. Je suis sûr que ça te plaira.

— Visiblement, toi et tes amis préférez l'autre version. La voilà.

— Eh ben voilà, ça c'est grand public!

Banette (1)

— Oh, ça! Le prochain qui touche à mon pain banette!
— Banette. Le pain des mordus du pain.

Banette (2)

— Oh, ça! Le prochain qui touche à mon pain banette!
— Banette. Le pain des mordus du pain.

Answer Key

Preliminary Chapter Activity Master 1

1. a, c
2. 1. b   2. c   3. a
3. 1. b   2. c   3. a
4. Vietnam, South America, Polynesian Islands, Africa, Martinique, Canada, United States, and France

Poitiers Location Opener Activity Master

1. __6__ un parc floral   __5__ le T.G.V.
    __4__ le Futuroscope   __1__ la Pierre Levée
    __3__ l'hôtel de ville   __8__ la campagne
    __7__ le marché   __2__ la Cathédrale
           aux fleurs   Saint-Pierre

2. 1. d   2. c   3. a   4. b
3. Answers will vary. Examples:
   1. le marché aux fleurs, la Roseraie
   2. le Futuroscope
   3. la cathédrale Saint-Pierre, l'Hôtel de ville, la Pierre Levée
   4. la campagne, le marché aux fleurs, la Roseraie
   5. le T.G.V., le Futuroscope
   6. la terrasse des cafés, le centre-ville

Chapter 1 Activity Master 1

1. Thuy – Paris – aller au cinéma
   Emilie – Québec – faire de l'équitation
   Stéphane – Martinique – danser
   Didier – Belgique – voyager
   André – Suisse – parler au téléphone
2. 1. b   2. d   3. a   4. c   5. e
3. Gabrielle : lire, écouter de la musique
   Fabienne : aller au cinéma, aller à la plage, lire
   Caroline : regarder la télévision, lire

Chapter 1 Activity Master 2

4. Answers will vary.
5. Answers will vary.
6. Answers will vary.
7. Answers will vary.
8. d, c, a, b

Chapter 1 Activity Master 3

9. 1. a   2. b   3. d   4. c
   5. c   6. a   7. d   8. b
10. 1. vrai
    2. faux
    3. faux
    4. faux
    5. vrai
11. Answers will vary.
12. Answers will vary.

Chapter 2 Activity Master 1

1. 1. allemand   2. sciences nat
   3. maths   4. allemand
2. 1. a   2. e   3. e   4. d   5. c
   6. a   7. d   8. c   9. d
3. Amadou : sciences naturelles, français, anglais
   Yannick : géographie, français, anglais, histoire
   Patrice : français, maths, anglais, éducation physique

Chapter 2 Activity Master 2

4. __1__ la chimie
    __1__ l'allemand
    __1__ les arts plastiques
    __4__ les sciences naturelles
    __6__ l'histoire-géographie
    __12__ le français
    __8__ l'éducation physique (le sport)
    __11__ les maths
    __7__ la physique
    __1__ l'informatique
    __1__ le latin
    __1__ la musique
    __9__ l'anglais
    __1__ le dessin

5. Most often mentioned: le français, les maths, l'anglais. Least often mentioned: see answers to Activity 4.

6. douze heures quarante-cinq
   treize heures
   treize heures quinze
   treize heures vingt
   treize heures vingt-sept

Chapter 2 Activity Master 3

7. 1. a 2. c 3. b 4. c 5. b
8. 1. c 2. a 3. d 4. b
9. Answers will vary.
10. Answers will vary.

Chapter 3 Activity Master 1

1. __2__ histoire __3__ français
   __2__ allemand __0__ éducation physique
   __1__ biologie __1__ maths
   __3__ anglais __2__ géographie
2. X, X, √
   √, √, √
3. 1. c 2. b 3. b
   4. a 5. a 6. b
4. 1. a 2. c 3. b

Chapter 3 Activity Master 2

5. 1. Séverine : b, e
   2. Onélia : a, d, f, g, h
   3. Marius : a, b, c, f
   4. Virginie : a, b, c, f
   5. Eva : e
   6. Evelyne : a, e, h, d
   7. Arnaud : a, b, d
   8. Matthieu : a, c, f, g, h
   9. Jean-Christophe : a, c, e
6. Answers will vary.
7. 2, 4, 5

Chapter 3 Activity Master 3

8. Answers will vary.
9. Answers will vary.
10. le 20, le 21, le 23
11. le vingt, le vingt et un, le vingt-trois
12. Answers will vary.

Québec Location Opener Activity Master

1. __4__ les rues   __3__ les vieilles
       animées   maisons
   __5__ la rue   __6__ les lacs
       du Trésor
   __1__ la terrasse   __2__ le château
       Dufferin   Frontenac
2. 1. vrai 2. vrai 3. faux 4. vrai
   5. faux
3. 1. c 2. b 3. a 4. d
4. Answers will vary.

Chapter 4 Activity Master 1

1. 1. d 2. c 3. a 4. b
2. le ski, le basket, le vélo, le volley-ball,
   le parapente, la natation
3. Answers will vary.
4. Marius : le football, le tennis
   Aljosa : le tennis, aller à la piscine
   Mélanie : le volley-ball, la natation,
   le patinage, le tennis

Chapter 4 Activity Master 2

5. __5__ le volley-ball
   __3__ le football
   __1__ le bowling
   __3__ le badminton
   __1__ le squash
   __1__ le patin à roulettes
   __6__ le tennis
   __2__ la course
   __4__ la natation
   __2__ le basket
   __2__ le patinage
   __1__ le golf
6. le tennis, le volley-ball
7. a. 2 b. 4 c. 3 d. 1 e. 5
8. 1. fait, joue
   2. faisons
   3. fait
   4. joue
   5. fais
   6. joue

Chapter 4 Activity Master 3

9. 1. d 2. b 3. c 4. a
   5. c 6. a 7. a 8. d
10. le patin, le hockey, le tennis;
    hiver : le ski;
    été : la planche à voile, la natation,
       la voile, le vélo
11. Answers will vary.
12. mouchoirs en papier, essuie-tout,
    papier-toilette
13. a grocery store
14. Answers will vary.

Paris Location Opener Activity Master

1. le pont Alexandre III, le musée d'Orsay,
   l'Assemblée nationale, la Conciergerie,
   la cathédrale Notre-Dame
2. 1. b 2. c 3. a 4. e 5. d

3. 1. a, c, d
    2. b
    3. b, c, d
    4. c
4. Answers will vary.

Chapter 5 Activity Master 1

1. 1. Thomas b, a
    2. Chloé c, d
    3. Cécile b, e
2. 1. b 2. d 3. a 4. c
3. 1. Déjan : au café, au parc
    2. Clémentine : chez des amis, au café,
        à la piscine
    3. Armande : chez des amis, à la
        maison, à l'Alocodrome

Chapter 5 Activity Master 2

4. 1. a 2. b 3. c 4. e 5. d
5. Answers will vary.
6. 1. c 2. e 3. d 4. a 5. b
7. 3,35€, 19,50€, 10€, 8€, 18€, 1,50€,
    21€, 3€

Chapter 5 Activity Master 3

8. 1, 2, 3, 4
9. Answers will vary.
10. c
11. a
12. Answers will vary.

Chapter 6 Activity Master 1

1. 1. a
    2. a
    3. b
    4. b
    5. b
    6. a
2. 1. d
    2. c
    3. b
    4. a
3. 1. Julie : basket, tennis, restaurant
    2. Arnaud : cinéma
    3. Céline : restaurant, patinoire, tennis

Chapter 6 Activity Master 2

4. 1. 5
    2. 3
    3. 9
    4. 3
5. aller en boîte, me balader, jouer de la
    musique, aller dans une discothèque,
    voir des pièces de théâtre. Other
    answers are possible.
6. 1. inviter
    2. film
    3. fais
    4. action
    5. aller

Chapter 6 Activity Master 3

7. 1. vrai
    2. vrai
    3. faux
    4. faux
    5. vrai
8. 1. a 2. d 3. c 4. b
9. b
10. Answers will vary.

Chapter 7 Activity Master 1

1. ses parents : 2
    son frère Alexandre : 8
    son cousin Loïc : 4
    sa tante Véronique : 7
    sa cousine Patricia : 5
    son oncle et sa tante : 3
    sa cousine Julie : 6
    ses grands-parents : 1
2. 1. d 2. b 3. a 4. e 5. c
3. 1. e 2. c 3. a 4. b 5. d
4. 1. chien; aime
    2. chat; trois
    3. cheval; grand; brun

Chapter 7 Activity Master 2

5. Olivier : chien
    Onélia : chat
    Marie-Emmanuelle : cheval
    Bosco : chat
    Céline : chien, chat, poisson
    Antoine : none
    Emmanuel : chien
    Yvette : chien
    Isabelle : chat

Céline : chien
Matthieu : chien
Marie-Laure : chat, cheval
Virginie : chien
6. Chopine, Fabécar, Viêt, Jacko, Sylvestre, Blacky, Tiboule, Indy, Vanille
7. c, b, e, a, d

Chapter 7 Activity Master 3

8. 1. le CD
   2. la plante
   3. la sœur
   4. un chaton
   5. adorent
9. 1. vrai
   2. vrai
   3. faux
   4. vrai
10. Answers will vary.
11. Answers will vary.

Abidjan Location Opener Activity Master

1. des batiks   T
   le Plateau   M
   un marché   T
   un gratte-ciel M
   la cathédrale Saint-Paul   M
   un cinéma   M
   le quartier de Treichville   T
   le port d'Adjamé   M
2. 1. c 2. b 3. a
3. 1. batiks
   2. bois
   3. sons, arômes
   4. gratte-ciel
   5. au bord
4. Answers will vary.

Chapter 8 Activity Master 1

1. 1. c 2. b 3. d 4. a
2. b, c, e
3. 1. a 2. b 3. c

Chapter 8 Activity Master 2

4. 1. marché
   2. supermarché
   3. marché
   4. supermarché
   5. supermarché
   6. supermarché
   7. supermarché
   8. supermarché
   9. supermarché
   10. marché
5. 1. b 2. a 3. b 4. a 5. b 6. a

Chapter 8 Activity Master 3

6. du piment, des oignons, de la pâte de tomates, de la pâte d'arachide, du chou, des tomates
7. 1. vrai
   2. vrai
   3. faux
   4. faux
   5. vrai
8. Answers will vary.
9. b
10. c

Arles Location Opener Activity Master

1. _1_ les Français
   _4_ l'obélisque
   _10_ la sardane
   _5_ Van Gogh
   _3_ le théâtre antique
   _2_ les Arènes
   _8_ les Baux-de-Provence
   _6_ la Camargue
   _7_ des flamants roses
   _9_ l'ancien château
2. 1. romaines
   2. 15 mètres
   3. la Camargue
   4. la sardane
   5. Van Gogh
3. 1. a 2. d 3. b 4. c
4. Answers will vary.

Chapter 9 Activity Master 1

1. 1. c 2. a 3. d 4. b
2. 1. faux 2. faux 3. vrai 4. vrai
3. 1. b 2. c 3. b 4. a/c 5. a
   6. c

Chapter 9 Activity Master 2

4. 1. souvent
   2. souvent
   3. souvent
   4. souvent
   5. souvent
   6. rarement
   7. souvent
   8. souvent
   9. souvent
   10. rarement
   11. souvent
5. Answers will vary.
6. 1. 2
   2. 5
   3. 1
   4. 3
   5. 4

Chapter 9 Activity Master 3

7. 1. a 2. d 3. b 4. c 5. f 6. e
8. an insurance company
9. petit, mignon, tendre

Chapter 10 Activity Master 1

1. 1. en jean
   2. rouge
   3. verte
   4. 36
2. 1. vrai
   2. faux
   3. faux
   4. vrai
3. 1. c 2. b 3. a
4. 1. b 2. c 3. a

Chapter 10 Activity Master 2

5. 1. Marie-Emmanuelle : jeans,
      tee-shirts, jupes
   2. Thomas : jeans, chemises, chaussures
   3. Aminata : jupes, robes
   4. Jean-Christophe : chemises,
      tee-shirts, jeans
   5. Epie : robes
   6. Marieke : chemises, jeans, robes
   7. Narcisse : jeans, tee-shirts
   8. Clémentine : jeans, tee-shirts, jupes,
      robes
   9. Emmanuel : jeans, tee-shirts,
      chemises
   10. Marie-Laure : jeans, robes
   11. Carole : robes
   12. Pascal : tee-shirts
   13. Nicole : jeans, tee-shirts, jupes
6. Answers will vary.

Chapter 10 Activity Master 3

7. 1. 4
   2. 3
   3. 1
   4. 2
8. 1. b 2. b 3. a 4. a
9. 1. b 2. b 3. c
10. They will stand up to almost anything.
11. c

Chapter 11 Activity Master 1

1. 1. a 2. b 3. c 4. d
2. 1. 2
   2. 3
   3. 1
   4. 4
3. 1. faux
   2. vrai
   3. vrai
   4. faux
4. 1. c 2. a 3. b 4. a 5. c 6. b

Chapter 11 Activity Master 2

5. __3__ à l'étranger
   __1__ au cinéma
   __2__ en Espagne
   __4__ à la plage/à la mer
   __1__ en Corse
   __2__ au village
   __8__ en famille
   __2__ à la montagne
   __1__ en Italie
6. février, avril, juillet, à la fin de l'année,
   à Pâques, à Noël

7. <u>2</u> grandparents
    <u>1</u> friends
    <u>3</u> cousins
8. 1. c 2. d 3. d 4. d
    5. b 6. a 7. c 8. a

Chapter 11 Activity Master 3

9. 1. beaucoup de
    2. fait un temps splendide
    3. chaud
    4. génial
10. un cadeau, un appareil-photo, un billet de train, un CD, un parapluie, un dictionnaire
11. b
12. Answers will vary.
13. family members
    half-priced train tickets

Fort-de-France Location Opener Activity Master

1. <u>5</u> le fort Saint-Louis
    <u>4</u> le marché
    <u>6</u> la Savane
    <u>3</u> la cathédrale Saint-Louis
    <u>1</u> la baie des Flamands
    <u>2</u> la bibliothèque Schœlcher
2. 1. Fort-de-France
    2. des Caraïbes
    3. créole
    4. une fête
    5. l'Angleterre
3. 1. le Carnaval
    2. la Savane
    3. le zouk
4. Answers will vary.

Chapter 12 Activity Master 1

1. 1. c 2. b 3. a 4. d
2. 1. b 2. a 3. c
    4. a 5. c 6. b

Chapter 12 Activity Master 2

3. 1. Lily-Christine : passer un examen sur route
    2. Emmanuel : avoir 18 ans, passer le code de la route
    3. Charlotte : passer le code de la route

4. Virgile : avoir 18 ans, passer le code de la route
5. Jean-Christophe : avoir 18 ans
6. Olivier : avoir 18 ans
7. Matthieu : passer le code de la route
8. Céline : avoir 18 ans, passer le code de la route
9. Léna : passer le code de la route
10. Viviane : avoir de l'argent
11. Amadou : avoir de l'argent
4. Answers will vary.
5. 3, 5, 4, 1, 2

Chapter 12 Activity Master 3

6. 1. d 2. a 3. c 4. b
7. 1. vrai
    2. faux
    3. vrai
    4. faux
    5. vrai
8. Answers will vary.
9. Answers will vary.
10. Answers will vary.

DATE DUE

Demco, Inc. 38-293